불교는 형이상학이다

− 불교 주요 개념의 이해 −

불교는 형이상학이다
불교 주요 개념의 이해

1판 1쇄	2025년 5월 20일 발행
지은이	지기영
편집	김영석, 김동현
기획	도서출판카논
디자인	김동현
펴낸곳	도서출판카논
ISBN	979-11-93353-16-5 03220
가격	14,000원

이 책의 저작권은 저자에게 있습니다. 저자의 허락없이 내용의 일부를 인용하거나 발췌하는 것을 금합니다.
비즈니스 및 작가 문의. canonpublisher@gmail.com

불교는 형이상학이다

불교 주요 개념의 이해

저자. 지기영

canon publisher

목차

1부. 불교 개관(槪觀)

1장. 대승불교(大乘佛敎)와 선종(禪宗) - 인도불교와 중국화 된 불교

1절. 문화적 배경의 차이   19
2절. 유추(類推)와 인명학(因明學)   22
3절. 교의(敎義)에서의 차이   23
4절. 수행(修行)에서의 차이   27
5절. 현실 이해에서의 차이   29
6절. 대승불교의 쇠퇴(衰退)   33
7절. 한국불교와 선종   37

2장. 불교와 형이상학

1절. 형이상학이란?   40
2절. 하이데거의 형이상학   41
3절. 중국의 형이상학 - 도덕경(道德經)   45
4절. 인도의 형이상학 - 불교(佛敎)   51

2부. 불교의 중심 개념

1장. 중도(中道)

1절. 개론(槪論)   58
2절. 중도와 공(空)·불성(佛性)   60
3절. 중도와 무자성   66
4절. 중도와 연기(緣起)   69

2장. 3시법륜(三時法輪)의 의의(意義)

1절. 3시법륜에 대한 이해(理解)   72
2절. 2시법륜과 3시법륜의 우열(優劣)관계   76

3장. 공(空)과 법성(法性)

1절. 공(空)에 대한 이해 … 80
2절. 대승불교에서의 공(空)의 이해 … 94
3절. 공성(空性)에 대한 화엄사상(華嚴思想)의 이해 … 102

4장. 연기론(緣起論)

1절. 근본불교에서의 연기 … 115
2절. 대승불교에서의 연기 … 118
3절. 화엄사상에서의 연기 … 123

5장. 무자성(無自性)

1절. 무아(無我)와 공(空)에 대한 일반적 이해 … 134
2절. 중관학파에서의 무자성 … 137
3절. 해심밀경에서의 무자성(無自性) … 142
4절. 삼성설과 자기성(自己性), 자가성(自家性), 자아성(自我性) … 147

3부. 불교의 주요 명제(命題)

1장. 이제론(二諦論)

1절. 불교에서의 이제론 … 156
2절. 서양철학에서의 이제론 … 161

2장. 승의(勝義)의 정리(定理)

1절. 사구부정(四句否定) … 168
2절. 상속(相續)의 부정(否定) … 171

3장. 중론(中論) 읽기

1절. 개론(概論) … 182
2절. 논증 방식 … 187
3절. 메타(Meta) 언어 … 192

머리말

불교는 형이상학이다. 그러나 형이상학만은 아니다.

형이상학은 철학의 정점頂点에 위치하지만 불교에서는 수행修行의 시작점이다.

종교와 철학의 차이는 수행에 있다. 철학의 목적, 끝은 해오解悟(이해하는 깨달음)이다. 그러나 깨달음成佛은 수행을 통해 해오를 넘어 법法(진리)을 증득證得하여 여법如法에 이른 증오證悟이다. 이때 해오는 증오를 향한 수행의 시작점이다.

용수龍樹(나가르주나)의 '중론中論'은 중도中道라는 불교 최고의 진리를 논리적으로 해설하려는 시도試圖이다. 불교학자 김성철은 '중론中論' 해설서의 부제副題를 '논리에 의한 해탈,

논리로부터의 해탈'이라 했다. 여기서 '논리에 의한 해탈'은 해오解悟이고, '논리로부터의 해탈'은 증오證悟를 의미한다.

증오證悟는 오로지 수행을 요구하는 반야般若 즉 직관直觀의 경지로 개념槪念을 전제前提한 논리로 다다를 수 있는 경지가 아니다. 칸트는 '직관直觀없는 개념은 공허하다.'고 하였다.

불교는 철학적 종교로서 철학으로는 그 정점頂點에 있다. 그러나 불교의 진리眞理에 대한 가르침이나 연구硏究가 불교의 여러 논서論書, 용어用語에 한정되고 그래서 그 안에 묶여버리면 일반인一般人에게는 막연하고 난해한, 더 나아가 불교佛敎만의 진리眞理로 왜곡歪曲될 소지가 있다. 즉 불교철학, 불교의 진리가 갖는 보편성이 오해誤解될 수 있다.

그러나 불교의 진리眞理는 그 지향성志向性이나 표현방식에서의 차이가 있을 뿐 서양철학이나 중국철학에서도 통용되는 보편성을 갖고 있다. 그렇지 않으면 그것은 진리라는 이름을 포기해야 한다.

우주자연에 대한 근원적 이해理解인 형이상학은 서양철학뿐 아니라 중국철학, 불교에서도 당연히 있어왔다. 칸트는 형이상학을 이성理性의 보편적 현상으로 인간의 타고난 특성으로 보았다.

불교는 현대철학 사조思潮에 가장 적합한 것이기도 하다.

자크 데리다Jacques Derida, 미셸 푸코Michel Foucalt, 롤랑 바르트Roland Barthes 등이 대표하고 있는 포스트구조주의Post Structualism는 현대철학의 주요한 사조思潮이다.

이들의 주요 주제主題는 '이항대립二項對立(二分法)을 벗어난 탈구축脫構築'으로 하나의 체계體系, 진리眞理를 거부, 해체하는 것이다. 불교에서 말하는 불일이불이不一而不二 즉 중도中道는 하나의 진리를 거부하는 대표적 예例이다.

데리다는 하이데거Martin Heaidegger로부터 결정적인 영향을 받았다. 하이데거는 진리眞理를 포함한 모든 사물事物, 사태事態는 차연差聯 즉 논길의 고랑과 이랑의 관계처럼 서로 다르지만 연계되어 있다고 한다. 데리다는 탈구축을 위해 이 차연의 개념을 차용借用하였는데 차연은 불교의 연기緣起와 다르지 않다.

현대철학에서 해체주의가 주요한 흐름이라고 하는 것은 불교의 진리, 철학이 지나가 버린 것이 아니라 오히려 현대사상에 호응呼應, 되새겨질 수 있는 가능성을 보여준다.

불교의 가르침, 교의敎義는 불경佛經과 그에 대한 해설서解說

書를 통해서 이해할 수 있다. 그리고 그 이해를 위해서는 불교의 주요개념主要槪念들을 가능한 명확하게 밝힐 필요가 있다. 불교의 개념들은 대부분 양면성兩面性을 갖는다.

부처님 설법說法의 내용을 시간 단위로 범주화範疇化할 때 초전법륜初轉法輪, 제 2전법륜, 제 3전법륜으로 나누는데 그에 따라 불교개념들에 대한 초점焦點이 바뀌면서 개념 역시 다르게 이해, 표현되어 있다. 물론 그 뜻은 하나이지만 그 강조하는 측면이 다르기 때문이다.

결과적으로 불교개념들은 다양성多樣性을 가질 수밖에 없다.

이 글은 불교의 진리를 불교 안에 가두어두면 불교는 제 구실을 하지 못한다는 우려憂慮에서 다른 문화권과의 공통성을 살펴보려 하였다. 그리고 이와 함께 불교 중심개념의 다양성을 조명照明하고자 하였다.

1부. 불교 개관(概觀)

1장. 대승불교(大乘佛敎)와 선종(禪宗) - 인도불교와 중국화 된 불교

1절. 문화적 배경의 차이   19
2절. 유추(類推)와 인명학(因明學)   22
3절. 교의(敎義)에서의 차이   23
4절. 수행(修行)에서의 차이   27
5절. 현실 이해에서의 차이   29
6절. 대승불교의 쇠퇴(衰退)   33
7절. 한국불교와 선종   37

2장. 불교와 형이상학

1절. 형이상학이란?   40
2절. 하이데거의 형이상학   41
3절. 중국의 형이상학 - 도덕경(道德經)   45
4절. 인도의 형이상학 - 불교(佛敎)   51

1장   대승불교大乘佛敎와 선종禪宗 - 인도불교와 중국화 된 불교

    성철性徹스님은 '백일법문百日法問'에서 불교 최고진리는 대승불교에서도 중도中道이고 선종에서도 중도라고 하였는데, 이는 불교를 둘로 나눌 수 있음을 시사示唆한 것이라 할 수 있다.

    이 나눔은 거칠게 말하면 인도印度불교와 중국화中國化 된 불교를 구분한 것으로, 대승불교는 인도불교, 선종은 중국화 된 불교이다. 인도로부터 전파傳播 된 불교는 중국 문화의 전통傳統 특히 도교道敎의 영향력으로부터 자유로울 수는 없었다.

    노자老子의 도덕경道德經에는 '배움을 위해서는 날마다 더하고, 도를 위해서는 날마다 던다. 덜고 또 덜어서 무위無爲에 이르니 무위면서 못 하는 것이 없다.爲學日益 爲道日損 損之又損 以至於無爲 無爲而無不爲'라고 한 구절과 달마의 혈맥론血脈論의 '널리 배우고 지혜가 많으면 자성自性이 도리어 어두워진다. 명경明鏡은 늘 밝은데 그 위에 먼지가 자욱하게 앉아 있을 때 먼지를 계속 문질러 닦는 것은 도道를 닦고 선禪을 닦는 것이지만 먼지를 하나라도 더하는 것은 망상을 더하는 것이다. 글자를 한자 더 배우면 한 글자만큼 망상을 더하는 것이다.'라고 한 것은 같은 의미이다. °주1

1절. 문화적 배경의 차이

중국에서는 중론中論과 백론百論, 십이문론十二門論을 연구하는 삼론종三論宗이 중관학파의 공空사상을 계승하였으나, 노장사상老莊思想의 영향에 의해 공空사상의 순수성과 함께 대승불교의 정체성正體性을 유지하지 못하였다.

중국의 자연관自然觀은 근본적으로 실재론實在論으로 그들 사상은 대지大地에 깊이 뿌리내리고 있다. 노장사상의 구조構造는 도道라고 하는 단일單一의 실재가 근원이 되어 만물萬物이 생긴다는 발생론적 일원론으로('티베트 불교철학' 마츠모토 시로) 비실재론非實在론인 공空사상은 발붙일 수 없었다.

종교는 전체적으로 사회문화적社會文化的 현상現象으로 불교佛敎는 인도 사회 문화의 토양土壤에서 자랐고 또 소멸하였다. 그러한 불교가 고도高度로 발전한 중국中國 문화권文化圈에 전파傳播되었을 때 그 성격이 변질變質하는 것은 당연하다.

인도문화에서의 종교의 성격은 교조적敎條的이지 않다. 그것은 철학이 발달해 감에 따라 끊임없이 새로운 개념들을 그 자신 안에 수용해가는 합리적 종합이다. 인도철학은 지성知性을 강조함으로써 종교를 철학으로 대체하였다. 인도의 종교는 철학적 종교요, 철학은 종교적 철학이었다('불

---

1 이는 진리가 언어로 말해질 수 없다(不立文字)는 사실을 강조, 그에 대한 오해를 경계한 것일 뿐이다. 성철스님은 분야(分野)를 가리지 않고 많은 책을 읽은 분으로 알려져 있다.

교의 중심철학' 무르띠). 불교는 그러한 토양土壤, 문화적 배경을 갖고 태어난 종교이다.

일반적으로 종교와 철학은 서로 배타적排他的인 것으로 이해되고 있다. 서양철학에서는 칸트가 말한 바와 같이 궁극적 진리, 사물의 본성物自體은 알 수 없다고 한다. 그에 대한 앎은 종교·신앙信仰의 영역이다.

그러나 인도불교는 기독교처럼 초월적인 신神에 의해 주어지는 초이성적 계시啓示에 근거한 것이 아니라 철학적 사유思惟가 불교의 근본적인 근거, 교리敎理를 제공, 궁극적 진리에 대한 이성적理性的 이해가 가능하다는 성격을 갖는다. 달라이 라마는 지성知性은 깨달음에 이르는 관문關門이라고 한다.

불교는 바른 인식認識을 근거로 열반涅槃(해탈을 성취한 상태)을 지향한다. 칸트는 '직관直觀없는 개념은 공허하고 개념 없는 직관은 맹목적'이라고 하였는데, 그와 같은 맥락에서 보면 열반 없는 인식은 공허空虛하며 인식 없는 열반은 맹목적이다.

인도불교의 특징은 깨달음은 '바른 인식'을 통해 실현된다는 이성理性에 대한 확신이다. 그러나 그러한 바른 인식은 단순한 오성悟性 작용이 아니라 수행修行을 동반한, 수행을 요구하는 이성작용이다.

이에 비해 중국문화 그중에도 불교가 중국에 전파되는 과정에서 큰 역할을 한 도가道家의 정신적 배경은 이와는 달랐다. 장자莊子의 칙양편則陽編에는

'허공 넓은 경계 어찌 다 헤아릴 수 있으며

(虛空境界 豈思量)

대도의 깊고 그윽한 뜻 어찌 다 알 수 있으리요

(大道淸幽 理更長)

이러한 우주에 대한 이해에서는 어떠한 논리적이고 분석적인 접근도 허용하지 않는다. *주2

중국철학에서는 거의 절대적으로 논리論理의 전제로서의, 논리를 위한 가설假說같은 것은 세우지도 않고, 논리에 의지하지도 않는다. 가설은 말 그대로 가설일 뿐 현실 자체가 아니다. 가설을 세우는 것은 언어를 초월한 자연의 사실성으로서의 도道에는 어긋난다.

따라서 도가의 영향을 받은 선종禪宗에서는 대승불교의 이치理致-敎理 낱낱을 모두가 '불법佛法을 지해知解로 헤아리는 병病'으로 가려내었다.

---

2   서양의 심리학자인 융(Karl Gustav Jung)은 '중국사상의 주요한 성격 중의 하나는 상황의 전체를 포착하는 직관적 감각이었다. 좀 더 분석적이고 환원적(還元的)인 서양의 접근법과는 달리 중국의 정신은 자신을 위하여 구체사항을 포착하는 것이 아니라 세부사항을 전체의 일부로 보는 관점에서 … 그리고 세부적인 것을 우주의 배경(음/양의 상호작용)에 배치하는 것을 지향한다.'라고 한다.

2절. 유추(類推)와 인명학(因明學)

중국의 인식론에 해당하는 유추는 논리적 인식에 대비되는 추리推理로, 이는 어떤 기본명제, 가정假定으로부터 논리적 절차를 밟아 결론을 이끌어 내는 연역적演繹的 추리도 아니고 개개의 구체적 사실이나 원리에서 일반적인 명제를 도출하는 귀납적歸納的 추리도 아니다.

유추는 두 개의 사물, 사건이 어떤 성질을 같이 하고 있음을 경험할 때 그 경험에 근거하여 한 쪽에서 볼 수 있는 성질은 다른 쪽에도 존재할 것이라고 추정推定하는 것이다.

유추에서는 그 사실들이 갖는 상징성象徵性들의 비교, 즉 비유比喩로 어떤 의미를 드러내고자 한다. 오월동주吳越同舟, 연목구어緣木求魚같은 사자성어四字成語들이 그런 예例이다.

인도불교는 철학적 종교이고 철학을 뒷받침하는 데는 필수적으로 인식론이 요구되어 그에 따른 논리학 역시 크게 발전하였다. 불교에서는 이를 인명학因明學 즉 원인을 밝히는 학문이라 한다.

불교 인명학(논리학)의 특징은 서양논리학처럼 가정假定으로 세워 그로부터 연역演繹하지 않고, 다만 심사숙고深思熟考한 내용을 범주에 따라 나열羅列한다. 불교에서 말하는 5온五蘊, 12처處, 18계界에서 108번뇌煩惱에 이르기까지, 그 밝히고자 하는 내용은 상위上位의 가정으로부터 유출되는 것이 아니라 동일범주의 내용을 수평적으로 나열한 것이다.

불교철학에서는 논리적 인식방법을 현량現量(지각), 비량比量(추리), 비유량比喩量 그리고 성언량聖言量 네 가지로 나눈다. 양量은 인식방법이다.

그러나 불교 인명학에서는 논리 하나만으로는 그 명제를 안전安全하게 증명하기에는 부족하다고 생각한다. 불교 인명학의 논증식論證式은 논리와 비유比喩가 결합, 보증되었을 때 그 명제가 정당한 것으로 인정한다.

불교의 논증식論證式은

'사람과 눈 등은 자성(自性)이 없다.
연(緣)에 따라 존재하기 때문에
거울 속에 있는 영상처럼….'

여기서 1구는 종宗-命題이고, 2구는 인因-論證이고 3구는 유喩-比喩다. 유喩는 논리 결과에 대해 현실성을 확보하기 위해 필요한 단계이다.

3절. 교의(敎義)에서의 차이

3.1. 화엄종(華嚴宗)과 선종(禪宗)

대승불교를 창시創始하여 불교를 중흥中興시킨 용수龍樹는 반야경의 공空사상을 받아들여 중론中論을 저술하였으나, 화엄경의 십지품+地品을 해설한 '십주비바사론+住毘婆沙論'이나 '보리자량론菩提資糧論' 등에는 화엄사상 역시 설(說)해 전해졌다. *주 3

선종은 '일체 중생이 모두 불성佛性을 갖고 있다.'는 열반경과 선禪의 철학적 근거를 제공한 능가경楞伽經 등의 영향을 받았지만 선종의 중심에 자리하고 있는 것은 화엄사상이다.

초기선종初期禪宗의 연원淵源이 되는 능가경에는 방편方便으로 표현한 언설言說에 집착하는 수행자들을 위해 부처님의 설법說法을 불설일자不設一字라고 했는데 이는 선종의 불립문자不立文字의 근거가 되었다.

또한 능가경에는 '선禪에는 외도外道와 소승小乘의 선인 우부소행선愚夫所行禪, 대승선大乘禪인 관찰상의선觀察相義禪, 진여眞如를 관념하는 반연여실선攀緣如實禪 그리고 여래如來의 경지를 가리키는 여래청정선如來淸淨禪 등 4종이 있다고 하여 선禪의 철학적 근거를 제시하였다. 이들 중에 여래청정선은 선종의 선禪이다.

이러한 분류는 화엄종 5대 종조宗祖 *주 4 인 종밀宗密 780-

---

3   화엄종의 7조설에는 용수가 두 번째 조사(祖師)이다.

4   인도 철학의 전통은 '스승이 훌륭하다 해도 가르치는 내용이 정확하지 않다면 지적할 수 있어야 한다.'는 것이다. 즉 스승은 공경하고 존경하되 그가 쓴 논서(論書)는 철저히 분석하라는 것이다. 비판(批判)은 자각적(自覺的) 정신활동으로 비판 그 자체가 철학이다.

841 등에 의하여 받아들여졌고, 이는 중국의 초기 선종사禪宗史에 교판적敎判的 사유를 세우는데 커다란 영향을 주었다.

그러나 실제로 선종에 직접적이고 중심적인 영향을 준 것은 화엄사상이다. 선종은 화엄사상에 의해 그 사상을 확립하여 갔으며, 여래如來의 종교적 체험인 여래청정선을 자기 스스로 체험하려는見性成佛 실천적 교단敎團이라는 강점强點으로 화엄종을 흡수하게 된다.

화엄사상華嚴思想은 화엄경華嚴經을 소의경전所依經典으로 하는 중국의 화엄종華嚴宗에서 발전시키고 꽃을 피웠다. 중국에서 화엄사상이 형성된 것을 상부구조上部構造라고 하면 대승불교인 화엄경은 그 기초가 되는 하부구조下部構造이다.

화엄사상의 위치는 대승불교와 선종禪宗의 연결지점에 있다. 화엄종은 이미 대승불교로부터 벗어나려는 경향, 의미를 내포하고 있었다. 오조五祖 종밀은 교선일체설敎禪一體說의 입장에서 선종禪宗의 취의取義를 교학적敎學的으로 설증說證하려 함으로써 이미 선종에의 길을 열었다.

선종의 교의는 대승불교인 화엄종華嚴宗의 교리敎理로부터 지대한 영향을 받았다. 교판敎判의 관점에서 화엄종은 대승돈교大乘頓敎라고 하는데, 이는 교리면敎理面에서는 대승불교이기는 하나 그 수행의 관점은 돈오頓悟로서 이는 선종禪宗으로의 길을 갔음을 의미한다. 선종이 추구하는 돈오에는 수행의 단계가 없다.

교의면敎義面에서 중관학파와 화엄사상의 가장 뚜렷한

차이는 삼승三乘과 일승一乘이다. 중관학파가 삼승 즉 보살菩薩중심인 반면에 화엄사상은 일승 즉 불타佛陀중심이다.

승乘은 깨달음에 도달하기 위한 방법으로, 삼승은 불교의 실천實踐에 따른 구별이다. 즉 성문승聲聞僧은 사성제四聖諦를, 연각승緣覺僧은 십이연기十二緣起를, 보살승菩薩僧은 육바라밀六波羅蜜을 실천하여 깨달음에 이르려는 것이다.

이 구별은 대승불교에서 이루어졌는데 이는 자신들의 이타행利他行을 드러내기 위한 것으로, 보시행普施行을 강조하는 육바라밀은 대승불교의 대표적인 덕목德目이다.

일승은 불성佛性의 다른 표현으로, 이는 '일체중생 실유불성一切衆生 悉有佛性'을 근본으로 한 것이다. 일승의 입장에서는 삼승은 일승으로 귀착되는 방편이라고 한다.

중생과 불타가 동일하다는 일원적一元的 사상은, 수행의 관점에서는 초발심初發心을 발한 보살이야말로 실은 부처님인 것입니다(화엄경. 초발심 공덕품)와 같은 사상으로 나타나고, 이는 다시 '초발심을 발한 때에 문득 정각을 이룬다初發心時便成正覺(華嚴經).'로 해석 되어 수행의 단계에 나타나는 경지境地를 구별한 십지품十地品을 무의미無意味케 한다.

사실 이는 돈오頓悟를 가리킨 것으로 화엄종을 대승돈교大乘頓敎라고 한 근거이다.

4절. 수행(修行)에서의 차이

대승불교와 선종의 차이는 수행에서 극명克明하게 드러난다. 수행修行은 불佛의 과해果海를 보이기 위해 인행因行으로서의 행위이다. 불교에서는 교의敎義를 떠난 수행은 있을 수 없고, 수행에 기초를 두지 않은 교의도 있을 수 없다고 한다.

선종은 불사不思, 부작의不作意, 부작행不作行을 통해 즉 참선參禪을 통해 깨달음에 이를 수 있다는 돈오점수頓悟漸修를 주장하였다. 반면 대승불교는 공성空性과 무아無我에 대한 선결택先決擇이 우선되어야 한다는 것이다.

대승불교의 요지要旨는 삼승三乘의 학습學習(사성제, 십이연기), 육바라밀, 10지十地의 단계를 거쳐서 비로소 공성의 지혜에 도달한다는 것이다.

까마라씰라Kamalasila(蓮華戒 740-797)는 수습차제修習次第를 논論하면서

> '일체를 전혀 사유(思惟)하지 말라.'는 것은 여실(如實)히 분별하는 반야(般若)를 버리는 것이다. 제법의 본성인 그 무분별의 법계(法界)는 여실히 관찰하는 반야로서 마땅히 깨닫는 것이다. 그것을 버림은 출세간(出世間)의 지혜(知慧)도 역시 버리는 것이다.
>
> 그러한 지혜 없이 수행자(修行者)가 어떠한 방법으로 무분별에 안주할 수 있겠는가? 또한 이미 경험한 일체

의 법을 억념(憶念-단단히 기억해서 잊지 않음)하지 않고, 작의(作意-대상을 정확히 기억해서 통찰하는 마음의 작용)하지 않는 것은 불가능하다.

여실(如實)히 관찰함이 없이는 제법의 무자성(無自性) 즉 공성을 깨달아 들어갈 수 없고, 억념이 전혀 없는 무지(無知)한 마음으로 어떻게 정도(正道)를 닦는 수행자기 될 수 있겠는가?

관찰하는 지혜로서 전도(顚倒)된 망상을 영원히 여의게 되는 것이며, 그것을 끊고 버림으로써 청정한 지혜의 광명(光明)이 법성(法性)의 진실을 더욱더 통연(洞然)하게 깨닫는 것이다.

그러므로 먼저 일체의 경전을 읽어서 그 뜻을 통달하고, 고요한 처소에서 사마타(止)와 위빠사나(觀)를 수습(修習)함으로써 깨달음의 체험이 마음에 생겨난다. 그것을 바탕으로 수행하며, 그 마음 또한 단지 환영(幻影)과 속제(俗諦)에 지나지 않으며, 승의(勝義)에 있어 그것이 무생임을 깨달아서 일체 법이 파초(芭蕉)의 속과 같이 텅 비었음을 여실히 증득(證得)함으로써, 마음의 혼침(昏沈-어둡게 가라앉다)과 도거(悼擧-들뜨다)를 여의고 지관쌍운(止觀雙運)의 도(道)에 스스로 들어가는 것이니 수행은 그와 같은 것이다.

그대들처럼 두 자량(止·觀)도 쌓지 않고, 의식의 흐름도 정확하지 않고, 세간사도 또한 알지 못하면 어떻게 현상계를 이해할 수 있겠는가? 그렇게 되면 신명(身命)을 유지하는 데에 필요한 의식주(衣食住) 등도 힘써 할 근거를 얻지 못할 것이라고 하였다.

5절. 현실 이해에서의 차이

대승불교와 선종의 가장 큰 차이는 현실 세계에 접근, 이해하는 방식에 있다.

대승불교인 유식학파^{唯識學派}나 중관학파^{中觀學派}의 관점은 범부^{凡夫}의 입장 즉 '미혹^{迷惑}의 현실^{現實}'로부터 고찰을 시작하지만, 화엄경이나 여래장사상은 깨달은 석존^{釋尊}의 입장에서 범부의 현실을 역관^{逆觀}하고 있다.

반야경의 공즉시색^{空即是色}은 화엄사상의 일즉일체^{一即一切}와 같은 의미이다. 즉 공은 일이고 색은 일체이다. 그러나 그 강조하는 바는 다르다.

공즉시색에서의 공과 색은 같지만 각각은 독립적 의미, 대대적^{待對} 관계로 오히려 색에 방점을 두고 있다. 그것은 중관학파에서 주장하는 이제론^{二諦論}에 세속제와 승의제로 구분하는 것에서도 분명히 드러난다. 이에 비해 일즉일체는 일^一에 의해 일체^{一切}가 흡수된다.

이를 본성과 현상 즉 성상^{性相}의 관점에서 보면, 중관학파는 세속제^{世俗諦}와 승의제^{勝義諦-眞諦}를 구별하는 이제론^{二諦論}

(中論)을 제시하는 성상별체적性相別體的인 성격을 갖는데 비比해 화엄사상에서는 승의제가 세속을 흡수한 성상동체적性相同體이다.

대승불교를 대표하는 중관학파의 중론中論 등에서는 공空사상勝義의 관점에서 제법諸法(현상세계)에 대한 고찰을 집약적으로 수행遂行한데 비해, 화엄경華嚴經 등에서는 제법諸法에 대한 고찰考察을, 그 고찰認識의 주체主體인 마음心의 문제로 전환하여 마음의 본질을 규명하는데 무게를 두었다.

화엄경의 '마음이 모든 세간을 짓는 줄을 아는 이가 있다면 이 사람은 부처를 보아 부처의 참 성품을 알게 되며…'(화엄경, 야마천궁 보살설계품)는, 그 배경에 삼계三界는 일심一心으로 귀착된다는 의미를 갖고 있다.

화엄사상은 완전하고 철저한 유심론이라 할 수 있다. 화엄사상에서의 일심一心은 일체유심조一切唯心造로 마음은 만유萬有를 융섭融攝한다.

또한 '법계法界는 오직 일진법계一眞法界로서 만유萬有를 모두 거두는 것이며 이것은 곧 만유를 융섭融攝하는 일심一心이다.'라고 표현한다.

이러한 유심론적 관념론觀念論은 이상주의理想主義로 귀착된다. *주5

성상융회적 법계는 사사무애事事無碍한 화엄의 세계로 화

---

5   영어에서 'Idealism'은 관념론으로도 이상주의로도 번역된다.

엄사상은 근본적으로 현실 이해에 있어 이상적理想的이다.

　세상이 사사무애事事無碍한 화엄세계라면 더 이상 세간사世間事에 관심을 가질 이유가 없다. 그저 자신의 마음자리만 깨달으면 그곳이 바로 해탈·열반의 세계이다. 그리고 선종은 화엄사상에 근거하였으나 이제 그런 이름마저 잊어야하는 경지를 지향하고 있다.

　화엄종은 대승불교라고 하지만 부처님의 가장 기본적인 가르침인 삼법인三法印 중의 일체개고一切皆苦, 그래서 요구되는 육바라밀의 첫째인 보시普施를 잃은 교종敎宗이기에 이미 대승大乘이라 할 수 없다.

　대승불교는 철저하게 현실 세계에 발붙이고 그로부터 육바라밀을 통해 해탈에 이르려고 한다. 보살菩薩의 이상理想은 중생의 세계인 속계俗界의 실재성을 인정하는데 기초해 있다. 하지만 선종은 유심론唯心論의 관점에서 화엄華嚴이라는 이상세계理想世界에 안주安住하여 사실상 소승小乘과 별다른 차이를 보이지 않는다.

　대승불교는 보살菩薩중심으로 보살은 부처의 경지를 지향하고 수행하지만 역으로 부처님의 뜻을 현실세계에서 실천하는 실행자實行者이다. 그러나 선종에서의 보살은 공양주供養主 보살로 격하格下되었다.

　불교의 근본은 현실주의이다. 불교의 근본관점을 밝힌 삼법인三法印은 제행무상諸行無常(Anicca), 일체개고一切皆苦(Dukkha) 그리고 제법무아諸法無我(Anatta)로 이는 현실을 직시直視하고 있는 현실주의의 관점이다.

일체개고는 염세주의가 아니라 고통의 실체를 밝혀 그로부터 벗어나려는 것으로, 그것이 곧 고집멸도苦集滅道라는 사성제四聖諦이다.

근본불교의 진수眞髓인 현실주의의 전통傳統을 이어받은 대승불교의 이상理想은 가장 깊이 세간사世間事에 간여干與해 들어가는 '세간에 들어 세간을 나는(출세간) 것'을 요구한다.

대승불교에서 수행하는 육바라밀의 첫째는 보시普施이고 이는 보살菩薩의 마음인 자비심慈悲心의 근거이다. 보살의 고통 받는 중생衆生과 그 고통을 같이하려는 마음 *주 6은 세간사世間事에 간여干與해 들어갈 것을 요구하는데, 이는 자비심의 드러냄이고 대승불교 이상理想의 실현이다.

자연인으로서의 붓다의 삶은 보살로서의 삶이었다. 부처님이 자수용적自受容的 법열法悅에 머물지 않고 중생을 위해 평생 동안 설법說法을 펴신 것은 자비심에서였다.

> '부처님이 도를 얻었을 때에 한량없고 심히 기쁜 선정과 해탈과 모든 삼매를 성취하여 청정한 즐거움이 생겼는데도, 이를 버리고 받지 않으면서 마을과 성읍(城邑)

---

6 장자(長者)가 오직 한 아들을 두매 그 아들이 병(病)을 얻으면 아비와 어미가 또한 병들고, 만약 아들이 병이 나으면 아비와 어미도 또한 나으리니, 보살도 이같이 모든 중생을 사랑하기를 아들같이 하여 중생이 병들면 보살도 병들고 중생이 병이 나으면 보살 또한 병이 낫느니라.(한용운 '유마힐소설경강의')

으로 들어가 갖가지 비유와 인연으로 설법하며 그 몸을 변화하여 한량없는 음성(音聲)으로 온갖 중생을 맞이하고 그들의 욕설과 비방을 참아내며 나아가 스스로 음악을 울리기도 하나니 이것은 모두 대자대비(大慈大悲)의 힘이다.'('용수' 대지도론)

　선종에서는 이러한 보살의 마음이 사라졌다. 선종의 참선參禪은 오직 수행자 자신의 성불成佛을 위한 마음 닦기이다. 선종에서의 보시는 새벽에 들려오는 깊은 산사山寺의 범종梵鐘의 울림처럼 중생의 마음을 위로해주는 것이다. °주7

6절. 대승불교의 쇠퇴(衰退)

불교 역사에서 대승불교의 쇠퇴는 중국에서만이 아니라 인도에서도 거의 비슷한 시기에-물론 그것은 몇 세기에 걸쳐 또한 완전하게도 아니지만- 진행되었다. 중국에서 대승불교가 선종禪宗이라는 중국화 된 불교에 자리를 내어주는 시

7　세속(世俗)에서 살아가는 인간의 내면에는 성(聖)스러운 것을 원하는 보편적이면서도 알다가도 모를 갈망(渴望)이 있다. 성철스님의 다비식(茶毘式-1993)에 보여준 일반 대중의 뜨겁고 거국적(擧國的)인 추모(追慕)는 성철스님 개인이 아니라 불교 전체, 성불(成佛)이라는 성(聖)성스러움에 대한 것이었다. 선종은 성(聖)스러움이 꿈이 아니라 현실일 수 있다는, 비록 내가 이루지 못하더라도 거기에 그것이 있다는 사실만으로도 위안을 준다.

기時期에, 인도에서는 불교가 힌두교에 흡수되어 갔다. 그리고 그 중심에 여래장사상이 있었다.

중국에서 대승불교가 정체성을 유지하지 못한 원인에는 도가道家라는 외부요인뿐 아니라 여래장如來藏사상이라는 대승불교 자체의 내적 요인도 함께 작용하였다.

여래장사상은 대승경전의 하나인 여래장경如來藏經의 '일체중생은 여래장이다.'와 열반경涅槃經의 '일체중생은 불성佛性을 가진다.'라고 하는 설說에 근거하는 사상이다.

여래장은 중생의 마음에는 깨달음의 씨앗이 함장含藏되어 있다는 뜻이다. 그런데 여래장 사상에서는 이 씨앗을 실체實體로서 이해하고 있다. 여래장 사상은 또 다른 실재설이다.

그런데 문제는 중관학파의 많은 학자들이 주장한 이변중관설離邊中觀說 *주 8에는 여래장如來藏 사상 즉 실재설에의 길이 열려 있었다는 것이다.

이변중관설의 근거는 '중론' 제18 관법품觀法品 9게송 '적멸하고 희론이 없으면 다르지 않고 분별도 없다. 이것을 실상이라고 부른다寂滅無戲論 無異無分別 是則名實相'의 실상tattva laksana의 tattva 즉 실의實義라는 단어의 의미를 승의勝義와는

---

8   이변중관설에서는 상변(常邊-있음)과 단변(斷邊)에 대한 집착이 없는 것을 중(中)이라고 임시로 이름하지만, '중(中)의 견해는 이것이다.'라고 한다면 이는 또 다른 집착이고 변(邊)이 된다고 한다. 이변중관설에서는 승의(勝義)를 '정리(正理)에 의해 고찰되는 승의(勝義)의 단계'와 '희론을 떠난 성자(聖者)의 입정지(入定知)인 승의' 둘로 구분한다.

명확하게 구별되는, 승의 이상의 고도의 실재實在로 오해誤解한 것에 있다.

일본 불교학자 마츠모토 시로에 따르면 '여래장사상은 그 근본논리로서 기체설基體說(dhatu-dada)을 상정想定했다. … 기체설은 유有의 사상으로 아트만 사상의 근본논리로서 바가바드기타Bhagavadgita에 명확히 설說해 진다. … 여래장사상은 불교 내부의 힌두교'라고까지 극언한다.('마츠모토 시로' 티베트 불교철학)

사실 '열반경'의 '일체중생은 불성을 가진다.'는 불교의 평등사상으로 이해되고 있으나 그 문구文句뒤에는 반드시 '일천제一闡堤(icchantika-불가촉천민)는 제외한다.'라는 말이 붙어 있어('티베트 불교철학') 힌두교의 카스트제caste를 인정하는 듯한 인상을 지을 수 없다.

불교는 실재론實在論인 힌두교의 아트만Atman을 부정하고 무아無我를 주장하는 비실재론非實在論으로 공空은 그에 따른 개념이다.

공空은 이성理性의 절대성, 순수성이 요구되지만 이는 결코 쉬운 일은 아니다. 사실 공空사상을 집약한 반야심경般若心經에 이미 '아제 아제 바라아제 바라승아제 보리사바하'라는 주문呪文이 사족蛇足처럼 달려있다.

인도에서 불교가 쇠퇴하면서 유가행중관파는 그 중심이 티베트로 옮겨 명맥命脈을 이어갔다. 유가행중관파인 산타라크쉬타Santaraksita(寂護, 725-790년경)와 그의 제자 까마라쉴라는 티베트불교에 중관파 불교를 전수傳授하는 주역主役을 맡았다.

티베트 불교의 정통성을 세우게 된 삼예 논쟁論爭의 주역主役은 대승불교의 카마라쉴라와 그에 맞선 선종禪宗의 마하연摩訶衍인데 그는 돈오점수頓悟漸修를 주장한 신회(荷澤 神會 684-758)의 제자였다.

결국 8세기 말의 이 논쟁은 티베트에 있어 그 후의 티베트 불교의 방향을 결정하는 의미로서, 인도 중관학파를 티베트에 공식적 지배적 종파로 수용하게 되는 결정적 계기가 되었다.

현시점에서 대승불교(인도불교)는 티베트 불교의 형태로 남아 있다. 마츠모토 시로松本史朗는 티베트 불교를 대표하는 달라이 라마가 속한 게룩파의 창시자創始者인 총카파에 대해

> '총카파의 사상은 단순히 티베트 불교의 틀 속에 머물지 않고 불교 전체에 근본적인 문제를 제기할 정도로 중요성을 갖는다. 간략하게 말하면 총카파의 사상을 빼놓고서 불교란 무엇인가를 묻는 것은 오늘 날 불가능하다.'

라고 한다.

7절. 한국불교와 선종

신라新羅의 구산선문九山禪門에 기원基源한 조계종曹溪宗은 선종禪宗으로 한국 불교의 대종大宗이다. 그러므로 우리는 선종의 취의趣意를 불교 전체의 모습으로 알고 있다.

고려 말 보조普照스님 지눌知訥은 '간화결의론看話決疑論'에서 다음과 같이 말하고 있다.

'대승교 원돈(圓頓)의 신해문(信解門)은 말길과 뜻 길이 있어, 듣고 알며 생각하는 것인 까닭에 초심학자들도 믿어 받아들이고, 받들어 지닐 수 있으나, 선종 경절문(徑截門-빠르게 끊어 들어가는 문)은 비밀히 계합(契合)함을 스스로 증득하는 것이어서 말 길과 뜻 길이 없으며, 듣고 알며 생각하는 것을 용납하지 않는 까닭에 상근기(上根氣)의 큰 지혜가 아니면 어찌 밝게 얻을 수 있으며, 어찌 뚫을 수 있겠는가. 그러므로 모든 배우는 무리가 도리어 의심하고 비방함은 이치상 당연한 것이다.'라고 하여 선종(禪宗)이 일반인에게 다가가기 어려움을 이해하고 있었다.

그는 이어서

'이 대승교의 이치가 비록 가장 원묘(圓妙)하나, 모두 식정(識情)으로 알며 생각하여 헤아리는 것이기 때문에 선문(禪門)에서 화두(話頭)를 참구(參究)하여 곧장 깨쳐 들어가는 문(門)인 선종에서는 (대승불교의 이치) 낱낱을 '모두가 불법(佛法)을 지해(知解)'로 헤아리는 병(病)으로 가려내었다.'

이 말은 언로言路와 의로意路가 있고, 문해聞解와 사상이 있다는 것은 결국 인식작용이 있다는 것으로 이는 선종의 관점에서는 객진번뇌客塵煩惱와 다름이 없다는 것이다.

결론적으로 선종은 상근기가 아니면 그 문門에 들 수 없다고 해야 할 것이다. 그것은 일반 중생에게는 닫힌 문이다.

대승불교의 이치理致 즉 교리를 지해知解로 헤아리는 것을 병病으로 규정하는 선종은 결과적으로 대승불교의 교리를 배울 수 있는 기회를 막아섬으로, 대부분의 일반 민중을 정토종淨土宗과 아미타불佛에 귀의歸依하게 하였다.

대승불교에는 보살菩薩중심과 불타佛陀중심의 두 흐름이 있었다.

반야경, 중관학파는 보살중심, 정토경전淨土經典과 화엄경은 불타중심이었다. 불타는 법신法身, 보신報身, 화신化神(應身)의 삼신三身을 갖는데, 화엄사상은 법신法身(眞理佛) 중심이고, 아미타불 신앙信仰의 아미타불無量壽佛은 보신이다. 아미타불 신앙은 대승불교의 자비慈悲정신으로 착색着色되어진 것이다.

정토계통의 경전에서는 일반적으로 이 사바세계를 예토

穢土라 보고, 이 사바세계를 벗어난 다른 곳에 정토가 따로 있다는 생각을 한다. 사바세계는 우리들 인간이 사는 세계뿐 아니라 일체 생령生靈들이 윤회전생輪廻轉生하는 세계로서, 인과因果의 이법理法에 얽매이고 번뇌에 시달리는 세계이다.

정토淨土에는 미래불未來佛인 미륵彌勒보살의 도솔천 정토, 아미타불의 서방 정토, 아촉불의 동방 묘희妙喜 등이 있는데 미륵보살에 대해서는 초기 경전인 아함경에도 출현한다.

정토왕생淨土往生에는 엄격한 수행은 요구되지 않고 다만 여래의 본원本願(부처, 보살이 중생을 교화하리라고 세운 발원(發願))을 신봉信奉하고 부처님의 명호名號를 외우는 것만이 필요할 따름이다. 따라서 아미타불 신앙을 '행하기 쉬운 도易行道'라고 한다.

이 행도行道는 믿음을 주로 하는 신해탈信解脫이기에, 어리석은 중생衆生도 순진한 마음만 있으면 정토왕생이 가능하다.

2장 불교와 형이상학

1절. 형이상학이란?

키케로(Marcus Tulius Cicero B.C.105-43)는 '투스쿨룸 대화'에서 '철학 오! 삶의 인도자여!'라 했다. *주1 형이상학은 철학의 정점頂點에 위치位置하면서 각 문화권이 갖는 철학적 차이들을 수용收容한다.

칸트는 형이상학에 대해 '인간의 이성理性이 모든 안간 내에서 사변思辨 즉 경험하지 않고 순수한 사유思惟만으로 사물의 진상眞相에 도달하려는데까지 확장됨으로써 그들 안에는 어떤 종류의 형이상학이든 항상 존재해 왔으며 또한 항상 존재할 것이다('순수이성비판' 2판의 서로).'라고 하여, 형이상학을 이성의 보편적 현상으로 보았다.

불교는 철학적 종교로서 철학으로는 그 정점頂點에 해당한다. 그러한 불교는 형이상학이며, 불교의 교의敎義는 형이상학적 해석을 통해 그 이해가 능하다. *주2

형이상학Metaphysics은 우주자연의 근원에 대한 이해이고 해석으로 모든 존재자의 근거, 존재자를 있게 하는 '그 무엇', 즉 궁극적 실재의 본질을 규명糾明하고자 하는 학문이다.

형이상학을 의미하는 Metaphysics에서 Meta는 '뒤에',

'넘어'라는 의미이고, Physics는 경험 가능한 물리적 세계로, 형이상학은 곧 선험적 세계에 대한 학문이다. 경험주의 철학에서는 형이상학을 추상적抽象的 이론理論, 더 나아가 공론空論으로 보아 형이상적 존재를 부정한다.

칸트는 '물자체物自體(Ding an sich-사물의 본성)'는 모른다고 하였다. 그러나 그는 물자체는 비록 인식認識할 수 없다 하더라도 그 존재를 인정해야 한다고 한다. 왜냐하면 물자체가 단순히 관념觀念일뿐 실재가 없는 것無이라면 '나타난 현상은 아무 것도(근거) 없이 나타난다.' 뜻으로 이는 자기모순自己矛盾이라고 한다.

2절. 하이데거의 형이상학

하이데거는 칸트의 '물자체'를 존재자의 근거 즉 '존재(Sein, Syein)'라고 하였다.

---

1 철학은 우리들 삶에 위안을 가져다준다. It(철학) will comfort you adorn you and never quit you. It will open to you the kingdom of thoughts and all the boundless reigns of conceptions as an asylum against cruelty and injustice. -고등학교 영어교과서

2 하이데거가 그의 형이상학을 존재자와 존재와의 구별과 중재(仲裁)를 통해 해석한 것과 마찬가지로 불교는 반야경의 공즉시색(空卽是色), 색즉시공(色卽是空)부터 화엄사상에서의 십현문(十玄門)에 이르기까지 법성과 현상 즉 성상(性相)의 관계를 밝히는 것이 곧 불교의 근본교의이다.

하이데거에 따르면 형이상학은 존재자를 있게 하는 '그 무엇'인 존재存在 *주3와 구체적 사물로 실재하는 존재자存在者 이 둘의 구별區別을 전제로 한다.

이 구별은 달리 말하면 하나이며 근원적인 변화하지 않는 진실의 실재實在(法性)와 다수多數이고 변화하는 기만적欺瞞的인 현상現象의 구분이다. 그러나 이 구별을 존재와 존재자가 어떤 흐름의 양 언덕에 서있는 것처럼 생각해서는 안 된다.

존재와 존재자의 구별은 자연(존재)을 산, 강, 나무와 새 등(존재자)과 구별하는 것이다. 자연은 산이고 산도 자연인데 이 둘을 구별한다는 것이다. 그러나 자연은 산, 강, 나무와 새들과 떨어져서 별개로 존재하는 것이 아니고 이들과 자연은 하나이다.

그렇다고 둘의 의미가 같은 것도 아니다. 자연이 산을 대신할 수도, 산이 자연을 대신할 수도 없다. 자연은 이것들 모두를 껴안은 채 뒤로 물러나 이들 안에 숨어있다.

구별은 인식작용의 전제, 근거이다. '하나' 안에서는 인식작용은 잠잔다. 그러니까 존재와 존재자를 구별하고 존재·존재자라고 이름 하는 것은 그것들을 인식, 사유하기 위한 것이다.

하이데거는 이 구별을 '끊임없이 존재자로부터 존재에

---

3   존재자의 근거로서의 존재는 선험적(先驗的)이라는 그 본질상 '그 무엇'이라고 규정(規定)할 수 있는 대상이 아니다. 우리가 그것을 규정하려 하는 순간 그것은 손에서 모래알이 빠져나가듯 우리로부터 사라져버린다. 존재(법성)는 이심전심(以心傳心) 즉 마음에서 마음으로만 전해진다. 이것이 부처님이 형이상학적 질문에 침묵한 이유이다.

로, 존재로부터 존재자에로 이끄는 길'이라고 한다. 따라서 그는 이 구별을 존재와 존재자 간의 중재仲裁라고도 표현한다. 중재Austrag는 양자가 서로로부터 서로에게 나름(Auseinanddertrag beider zueinander)이라는 의미이다.

중재는 존재자가 존재자이도록 존재를 시여施與하는 존재存在와 시여 받아 존재를 발현시키는 존재자存在者 사이의 관계, 그 관계가 성립토록 한다. 화엄사상에서의 십현문十玄門은 이 중재에 대해 열 가지로 자세히 설명한 것이다.

이러한 존재와 존재자의 관계는 시여하는 존재가 시여 받은 존재자보다 일방적으로 우월한 것이 아니라 존재 역시 존재자에 의지하지 않으면 자신을 발현(發現)할 수 없는 쌍방적 관계이다.

자기 초월적自己 超越的인 존재(자연)는 존재자(새, 꽃)를 통하여서만 자신을 현시現示할 수 있다. 다시 말해 새, 꽃과 나무 등은 자연(존재)에 의해 자신들의 존재와 의미를 부여받지만 역逆으로 자연은 새, 꽃과 나무 등(존재자)을 통해서만 자신을 드러낼 수 있다. 이를 화엄사상에서는 탁사현법託事現法(사물에 의탁하여 법성을 드러낸다)이라고 한다.

2.1. 하이데거의 존재론

근대 서양철학에서의 진리眞理는 '인식과 사물의 일치一致로서의 진리' 즉 진리의 근거가 자연의 사실성이 아니라 인간 이성, 의식이다. 그러나 '인식과 사물의 일치로서의 진리'는 과학적 진리일수는 있어도 철학적 진리는 아니다.

철학적 진리의 근거는 이성, 의식이 아니라 자연의 사실성이어야 한다. 그리고 그 자연성은 해가 뜨고 짐, 꽃의 피고 짐 즉 현성現成(有)과 은적隱迹(無)의 양면성을 갖는다.

하이데거는 존재(자연)를 양면성으로 이해하는, 근대 서양철학에서는 새로운 그러나 고대 그리스의 헤라클레이토스에 의해 이미 천명闡明된, 진리관眞理觀을 역설力說한다.

헤라클레이토스는 '존재는 스스로 숨기를 좋아한다.'라거나 '자기은적自己隱迹은 나타남의 운동의 가장 깊숙한 본질이다.'라고 하여 존재를 현성과 은적으로 이해하고 있었다.

하이데거는 근대 서양 철학사에서 존재를 유·무로 이해한 최초의 그리고 유일한 철학자이다. 그는 유有를 존재의 빛Liechtung des Seins 그리고 무無를 존재의 감추어진 상태Schlier des Seins로 이해한다. *주4

이러한 서술敍述, 진리眞理는 자연의 사실성에 근거한 것이다. 진리와 존재(자연)는 등가적等價的이다. 그는 진리Aletheia를 은적隱迹된 상태로부터의 본질현현本質顯現(Unverborgenheit) 즉 개시성開示性이라고 한다.

진리에는 은적無과 현성有(本質顯現)이 함께한다. 즉 진리는 존재함의 근본 동향動向으로서 밝히면서 감추는 것(Lichtendes Bergen)이고 동시에 자기를 은폐하고 있는 나타냄(das Sichverbergende Entbergung)이다.

모든 나타냄Enterbergen(감춤을 풀어줌)은 존재자를 은폐

성에서 끄집어낸다. 나타냄은 은폐성을 필요로 한다. *주 5
진리는 은폐 안에서 편안한데, 거기에서 꺼내지고, 그로써
은폐된 것을 눈앞에 갖다 놓는다(vor-legen)고 한다.

또한 그는 로고스^{Logos}는 그 자체에 있어서 나타냄
^{enterbergen}이며 동시에 은폐함^{verborgenheit}이다. 그것이 진리라
는 것이다. 비은폐성^{Unverborgenheit}은 은폐성을 그 배경으로
서 필요로 한다. ('강연 논문집'-1936)

사실 존재를 양면성으로 이해하는 존재론은 동양철학
에서는 일반화된 것이기도 하다.

3절. 중국의 형이상학 - 도덕경(道德經)

존재와 존재자를 구별하는 형이상학적 사유^{思惟}는 서구문
명에서 뿐 아니라 인도의 불교와 중국문화에서도 이루어졌
다. 이러한 근거에서 칸트는 형이상학적 사유를 인간의 자

---

4 하이데거의 1929년 프라이부르크 대학 취임 강의(講義) '형이상학이란 무엇인가?'
에서 '도대체 무엇 때문에 존재자는 있고, 오히려 무(無)는 없는가?'를 테제로 삼았
다. 그리고 그 테제에 답하면서 자신의 철학이 무(無)를 존재론적으로 해석하고 있
음을 보여주었다.
그는 그 강의에서 종전(從前)의 형이상학은 그 대상(對象)을 적중(的中)하지 못했다
고 비판한다. 왜냐하면 존재자의 근거인 존재가 현성(現成-有)과 은적(隱迹-無)의
이중성임에도 불구하고 이를 현성만으로 즉 존재자성(存在者性)으로 이해함으로써
그 대상을 잘못 겨냥하였다는 것이다.

5 이는 헤라클레이토스가 '자기은적(自己隱迹)은 나타남의 운동의 가장 깊숙한 본질
이다.'라고 한 것과 같은 의미이다.

연소질自然素質이라 하였다.

중국문화에서 형이상학은 최초로 '주역周易'의 계사繫辭에 '형이상자形而上者는 도道라 하고 형이하자形而下者는 기器'라고 하는 문구에서 보이지만 그 구체적 내용은 도덕경에 나타난다. °주 6

'도덕경' 첫 장章은 우주·존재의 진리를 포괄적으로 표명하고 있다.

> '말할 수 있는 도는 상도가 아니고, 명명할 수 있는 이름은 상명이 아니다. 무명은 천지의 시작이고 유명은 만물의 어머니다(인식의 모체). 그러므로 항상 무욕으로서 그 오묘함을 보고, 항상 유욕으로서 그 유욕의 왕래를 본다. 이 무와 유는 동시에 나왔지만 그 이름을 달리한다. 유/무를 동시에 말하여 현묘하다고 한다. 현묘하고 현묘하도다. 그것은 온갖 묘리가 출몰하는 문이다. (道可道 非常道 名可名 非常名 無名天地之始 有名萬物之母 故常無欲以觀其妙 常有欲以觀其徼 此兩者同出而異名 同謂之玄 玄之又玄 衆妙之門)'

6   유교(儒教)의 성리학(性理學)은 성명의리지학(性命義理之學)의 준말로 성즉리(性卽理)를 의미한다. 성리학에서는 이기일원론(理氣一元論) 혹은 이기이원론(理氣二元論)을 설(說)한다. 여기서 이(理)는 태극(太極) 혹은 도(道)라는 형이상적(形而上的)이고 기(氣)는 음양오행(陰陽五行) 즉 형이하적 존재로 형이상학적 구도(構圖)를 갖추었다. 그렇지만 유학은 근본적으로 인본주의로 성즉리에서 성(性)은 인성(人性)으로 자연성(自然性)을 포괄(包括)하고 있지 못하다. 따라서 성리학(性理學)은 존재자의 근거로서의 존재를 탐구하는 형이상학은 아니다,

'말할 수 있는 도는 상도가 아니다.'라고 한 것은 말할 수 있는 도는 도道가 아니라는 것이 아니라, 다만 변치 않는 도가 아니라는 것이다. 세상살이에도 도는 있지만 그 도는 상황에 따라 다를 수 있다. 즉 비상도非常道이다.

상도常道는 '주역周易'의 계사繫辭에 '형이상자形而上者는 도道'라고 한 그 도道로 그것은 언어화言語化(槪念化), 이름名할 수 없다. 즉 무명無名이다. '명명할 수 있는 이름은 상명이 아니다.'라고 한 것은 이를 뜻한 것이다.

유명有名은 생멸生滅이 무상無常한 유물有物(존재자)의 이름이다. 만물에 이름을 붙이는 이유는 만물을 차이差異로 표시하기 위한 방편으로서, 이름이 없으면 차이를 표시할 수 없고 차이가 없으면 인식할 수 없다. 그리고 우리가 인식하지 못하는 것은 그 존재감을 잃게 된다. 우리들 의식세계에서는 이름이 곧 만물의 실재를 대신代身하고 있다.

'무명은 천지의 시작이고, 유명은 만물의 어머니다.'라는 것은 태초의 천지는 카오스chaos 상태로 무엇이라 규정할 수 없기에 무명이고, 유명은 거기에 이름을 붙여 만물이 비로소 인식 안에 들어와 코스모스cosmos의 세계가 탄생한다는 것이다.

중국철학에서 근원으로서의 자연自然은 우주의 진리를 내포內包하고 있다. 자연성(사물의 본성)이 진실이고 곧 진리이다. 그 자연은 가장 오래되어 나이가 많다. 노자는 이 자연으로부터 유무가 동시에 나왔다有無同出고 하여 우주자연의 근원적 형식을 유/무라 하였다.

유/무는 이 우주의 진리를 가장 압축해서 말하는 근원적 개념이다. 노자가 '무와 유는 동시에 나왔다.'고 하였을 때 그 출出은 자연으로부터 나왔다는 의미를 암묵적暗黙的으로 말한 것이다.

그는 '유무가 동출同出'하였다는 말로 유와 무가 차이差異가 나지만 이들이 동거同居함을 말하고 있다. 하이데거는 차연差延이라는 용어用語로 이러한 차이와 동거를 지시指示하고 있다. 데리다는 그로부터 차연을 빌려, 하나의 진리를 해체하는 용어로 사용하고 있다.

존재론적 관점에서 '동출同出'은 시간적으로 동시성同時性을 시사示唆함으로써, 무와 유가 원인과 결과 즉 인과因果관계가 아니라, 불교의 성性/상相의 관계임을 가리킨다. 유와 무를 상相에 대한 성性으로 보면, 무는 유의 근거라 할 수 있다. *주7 본성本性은 현상現相의 근거이다.

사실 무가 유를 낳거나 생산하는 원인이라는 것은 무의 본질상 불가능하다. 그러나 무가 유의 근거根據일 수는 있다. 왜냐하면 원인은 '그 어떤 것으로부터'라는 생각이 전제될 때 가능하지만 근거는 '그것 안에' 이미 그것이 포함되어 있다는 의미로 그런 의미에서는 무는 유의 근거일 수가 있다.

하이데거는 무가 유의 근거임을 탈근거脫根據라고 한다. 탈근거는 무근거無根據를 의미하는 것이 아니다. 무근거는 허무虛無처럼 아무런 근거도 없는 심연深淵의 아찔함이다. 그러나 일상日常에서 허심虛心이나 무심無心이라 할 때 거기에는 마음이 없는 것이 아니라 일상적 현실에 얽매인 마음으로부터 초탈한 마음을 의미한다. 근거로서의 무無는 근거의 초탈이라는 뜻에서, 근거는 근거이되 탈근거脫根據라는 것이다.

무를 유의 근거 즉 본체나 본성이라 한다면 유는 그 본체에서 나타난 현상이나 일시적 활동으로 유는 본성으로부터 생기生起하는 현상의 물결과 같다.

또한 '항상 유욕으로서 그(有와 有物)의 왕래를 본다常有欲以觀其徼' *주 8고 하였는데, '왕래'는 하이데거의 중재仲裁(Austrag), '서로로부터 서로에게 나름'과 같은 의미다.

유욕有欲은 유有(존재)의 자기발현自己發現으로, 유욕에 의해 유물有物(존재자)이 생기게 된다. 이를 두고 '현묘하고 현묘하도다. 그것은 온갖 묘리가 출몰하는 문이다.同謂之玄 玄之又玄 衆妙之門'라 하였다.

여기서 '생기게 되었다'는 기독교에서의 신神에 의한 창조創造같은 의미가 아니라 유가 유물의 근거라는 것이다. 즉 존재가 존재자의 근거라는 것이다. *주 9

---

7   칸트는 무(無)를 '대상없는 개념으로서 그 본체에 해당하는 개념'이라고 정의(定義)한다.('순수이성비판') 여기서 '대상없는'은 '사물로서 현시(現示)되지 않은'이고, '본체에 해당하는'은 곧 물성(物性-사물의 본성)이다.

8   '노자익(老子翼)'에서는 '휘(徼)'를 왕래로 해석하였다.

9   신(神)은 창조된 세계의 원인이다. 원인은 '어떤 것으로부터'가 전제된다. 그러나 근거에는 '그것 안에 이미 포함되어 있다.'는 의미이다.

인식론적認識論的 관점에서 본 '유/무의 관계'는 유를 유로서 깨닫기 위해서는 무의 사라짐隱迹이 있어야만 한다. 꽃이 잠깐 피었다가 사라질 때 그 사라짐 때문에 꽃의 존재를 다시 인식하게 된다. 항상恒常, 자기동일성自己同一性 안에서는 인식이 불가능하다. 차이가 인식을 만든다. 따라서 무는 유를 유有이게끔 인식 가능케 해주는 근거이다.

이에 대해 칸트는 현상적인 것은 공간, 시간의 질서 위에서만 가능하고 현상은 무릇 시간과 공간의 틀 안에서만 현상일 수 있다고 한다. 이는 시간과 공간이 인식이 불가능한 카오스Chaos상태로부터 인식 가능한 현상Cosmos으로 되게 한다는 것이다.

따라서 시간과 공간은 인식의 근거이다. 그런데 칸트는 무無를 인식론적으로 해석하며 몇 가지로 정의定義하였는데 [주10] '시간과 공간'도 그 중의 하나이다.

마지막으로 무無와 유有의 관계를 인성人性(마음)의 관점에서 보면 무는 유가 없으면 마음性(觀心)이 표출되는 길이 막혀 공허한 암흑으로 빠져든다. 또한 유는 무를 자신의 이면裏面으로 지니지 않으면 맹목의 집착으로 고착된다. 무無를 배제한 유有의 작용은 다만 욕심의 소유로 미끄러질 뿐이다.

10 칸트는 무(無)를 1. 대상없는 개념으로서 그 본체에 해당하는 개념들 2. 대상의 결핍에 대한 개념으로서 실재성에 대립되는 부정, 3. 대상의 단순한 형식적인 조건으로서 시간과 공간. 4. 둥근 사각형과 같이 스스로 모순되는 것은 존재할 수 없다. 등으로 정의한다.

4절. 인도의 형이상학 - 불교(佛敎)

'화엄경華嚴經'에서는 '부처님의 일모공一毛孔에는 일체一切의 세계가 들어 있으며, 일체의 세계를 보는 것은 부처님의 일모공을 아는 것이다.'라고 한다. 이는 단적으로 불교가 형이상학임을 보여 준다.

이를 하이데거 형이상학으로 말하면 일모공은 존재이고 일체 세계는 존재자이다. 불교에서는 존재는 공空, 법성法性(佛性)이고 존재자는 상相(現象)이라고 한다.

불교에서의 불성佛性(如來의 自性)은 중국철학의 자연自然, 하이데거 형이상학에서의 존재存在와 같은 의미이다. 불교에서는 불성을 공空(비어 있음), 법성法性이라는 두 이름으로 표현한다.

화엄경華嚴經에는 '부처님의 몸法身은 흡사 허공虛空과 같아서 다하여 그치는 일이 없다. 부처님의 모습은 모습이 없으며, 따라서 어떠한 것으로부터도 방해를 받지 않는다.'世間淨眼品 즉 법신法身의 성격, 법성法性은 공空하다는 것이다. °주 11

불성佛性은 그것이 법성法性으로 읽히면 중국철학의 유有, 하이데거 형이상학의 존재의 빛(Liechtung des Seins)이고, 공空으로 읽히면 무無(존재의 감추어진 상태-Schlier des

---

11 불성과 법성은 여래(如來)를 불신(佛身)과 법신(法身)으로 나눈 여래의 자성이다. 법성이 여래의 자성(自性)을 직접적으로 표현한 것이라면, 공(空)은 '여래의 자성은 공(空)하다.'라는 것에 근거하여 여래의 자성을 상징적, 간접적으로 표현한 것이다.

Seins)이다. 이는 동動과 정靜의 관계로도 볼 수 있다. *주 12

'존재의 감추어진 상태'는 어둠을 의미하지 않는다. 하이데거는 은폐(감춤-Schlier)와 같은 의미로 '물러섬Entzug'이라는 단어를 사용하기도 한다. *주 13 즉 공空은 법성이 물러나며 드러난 환히 트인 터로 적정寂靜의 상태공간이다.

승만경勝鬘經에서는 '여래장이 번뇌 속에 있으면서도 번뇌로부터 벗어날 수 있는 것은, 여래장이 한편으로는 공의 상태空如來藏이기 때문이다. 그러나 여래장 자체는 무한한 속성을 갖고 있는不空如來藏 불가사의한 존재'라고 설하고 있다. 여기서 여래장은 법성과 동일한 범주에 있다.

플라톤Plato은 빈 허공과 같은 공간空間의 상징, 의미로서 코라chora라는 용어를 사용하였는데 이 코라는 예측할 수 없는, 결코 닮지 않고 균형均衡잡히지 않는 힘들(dynamic)로 가득 차있는 생성生成의 공간이다. 즉 이 공간은 생성, 소멸消滅하는 것의 설립 기반 또는 토대土臺로서, 모든 생멸生滅하는 존재자의 근거이다.

하이데거는 존재가 존재자의 근거根據이지만 그 근거는 실재實在하는 것이 아니기에 이를 탈근거脫根據라고 한다. 이 탈근거는 공空(비어있음)과 다른 것이 아니다.

대승불교에서는 존재를 공空, 존재자를 색色이라고 한다. 이는 자연을 본성本性과 현상現象, 즉 성상性相으로 구분한 것이다. 그리고 이 둘의 관계를 공즉시색空卽是色 색즉시공色卽是空이라 하는데, 이는 자연은 산이고 산도 자연으로 이들은

같기도 하고 다르기도 한 즉 불일이불이不一而不二라는 것이다. *주 14

불교에서의 공空은 결코 현실 존재를 부정하는 것이 아니다.

중관학파中觀學派 *주 15 유식학唯識學에서는 유명론唯名論을 주장하지만 그것은 연기緣起에 따른 존재는 의타기성依他紀性이기 때문에 그러한 존재의 고정성固定性, 항상성恒常性, 독립성獨立性을 부정하는 것일 뿐 존재 자체를 부정하는 것은 아니다.

중론中論은 불생불멸不生不滅로 시작되는데 이는 생멸하는 현상세계에 대한 부정否定이다. 그러나 불생불멸은 승의제勝義諦로 현상세계에 대한 집착으로부터 벗어나게 하기 위한 것이다.

성철스님은 불교에서의 공空은 색멸공色滅空이 아니라 색성공色性空이라고 한다. 데카르트는 '나는 생각한다. 그러므

---

12 공성(空性)의 논리는 한편에서 그것은 경험적 실재를 성립시킨다(動). 다른 편에서 그것은 초월적인 것을 가리킨다(靜).

13 하이데거가 사용한 독일어 Liechtung에는 '환히 트인 터'와 '환한 밝힘'라는 두 가지 의미가 포함되어 있다. 즉 법성은 환히 밝히는 것이고, 공(空)은 '환히 트인 터'라 할 수 있다.

14 불교에서는 이러한 존재와 존재자의 관계에 대한 상관적(相關的)이해가 사유의 근간이다.

15 인도철학에서 중관파의 입장은 서구철학에서의 칸트와 유사하다. 칸트의 비판철학의 출현은 합리론과 경험론의 두 방향의 출현에 따른 것이다. 중관파는 실재론(있음)과 반야계통의 공사상(없음)의 출현에 따른 것이다.

로 존재한다.'고 했지만, 오히려 내가 존재하기 때문에 생각도 할 수 있다. 만일 만물이 존재하지 않는다면 그런 논의조차 성립할 수 없다.

공空은 근본불교의 무아無我이다. 무아는 인도 전통의 아트만Atman(自我)이라는 실재론實在論에 반대하여 제법諸法은 찰나적刹那的 존재라는 것을 주장한 것으로, 이는 자아自我에의 집착我執에 대한 대처對處이다. 사실 무아無我는 자아自我를 초탈한 상태이다.

제 2장. 불교와 형이상학

2부. 불교의 중심개념

중도(中道), 공(空), 연기(緣起) 그리고 자성(自性)은 불교의 중심적인 개념들이지만 이들은 그 의미가 서로 깊이 연계되어 있어 이들을 개별적으로 분리하여 설명하는 것은 적절치 못한 면이 있다.

그러나 이들이 내적(內的)으로 연계되어 있지만 그렇다고 하여 같은 의미도 아니다. 그 각각은 그 쓰임에 따라 서로 다른 면을 갖고 있기에 나누어 설명해야 하는 필요성 역시 갖고 있다.

공(空), 연기(緣起), 자성(自性)은 한 뭉치이다. 불교에서의 공(空)은 색성공(色性空)인데, 만일 색(色-諸法)의 자성(自性)이 공(色性空)하지 않으면 연기(緣起)가 성립되지 않는다. 자성(自性)이 자립적, 독립적인 것으로 존재하고 그것을 고집하면 인과 연의 관계가 성립될 수가 없다. 즉 제법(諸法-色)의 자성이 공한 것은 연기를 가능케 한다. 이에 비해 중도는 공, 연기, 자성의 의미를 포괄하고 있다.

1장. 중도(中道)

1절. 개론(概論)   58
2절. 중도와 공(空)·불성(佛性)   60
3절. 중도와 무자성   66
4절. 중도와 연기(緣起)   69

2장. 3시법륜(三時法輪)의 의의(意義)

1절. 3시법륜에 대한 이해(理解)   72
2절. 2시법륜과 3시법륜의 우열(優劣)관계   76

3장. 공(空)과 법성(法性)

1절. 공(空)에 대한 이해   80
2절. 대승불교에서의 공(空)의 이해   94
3절. 공성(空性)에 대한 화엄사상(華嚴思想)의 이해   102

4장. 연기론(緣起論)

1절. 근본불교에서의 연기   115
2절. 대승불교에서의 연기   118
3절. 화엄사상에서의 연기   123

5장. 무자성(無自性)

1절. 무아(無我)와 공(空)에 대한 일반적 이해   134
2절. 중관학파에서의 무자성   137
3절. 해심밀경에서의 무자성(無自性)   142
4절. 삼성설과 자기성(自己性), 자가성(自家性), 자아성(自我性)   147

1장 중도(中道)

1절. 개론(槪論)

'중론中論'에서는 '모든 인연으로 생긴 법을 나는 무無라 하고, 또한 가명假名이라 하며 이를 중도의 이치理致라고 한다衆因緣生法 我說卽是無 亦爲是假名 亦是中道義.'

이 게송偈頌에서 '인연으로 생긴 법'은 연기를, 무無는 공을, 가명假名은 무자성無自性으로 읽을 수 있다. 즉 중도는 이들 모두의 의미를 함유含有하고 있다. 중도中道(不二)가 불교를 상징하는 진리인 것도 성철스님이 중도를 최고의 진리라고 하신 것도 이에 근거한 것이다.

이를 다른 말로 하면 중도는 총론總論, 공, 연기, 자성 등은 각론各論의 관계라 할 수 있다.

성철스님은 '불교의 최고 원리는 대승불교에서 볼 때도 중도에 있고, 선종에서 볼 때도 중도에 있다(백일법문百日法門).'라고 하였다.

절寺에 갔을 때 제일 먼저 만나는 불이문不二門의 '불이'는 불일이불이不一而不二의 준말인데 불일은 많음(多) 즉 현상을 의미하며 불이는 하나(一) 즉 본질, 법성을 표현한 것으로 이는 중도中道를 표현한 것이다. 이처럼 중도는 불교를 상징하는 진리라 할 수 있다.

부처님은 녹야원鹿野院에서 펼친 초전법륜初轉法輪에서 '세존이 다섯 비구에게 말씀하셨다. 출가자出家者는 이변二邊 즉 고苦와 낙樂을 가까이 하지 말아야 한다. 여래도 이변二邊을 버린 중도中道를 정등각正等覺하였다.'라고 하였는데 이는 중도를 깨우친 것이 해탈解脫이라는 것이다.

해탈은 불성佛性을 증득證得한 증오證悟의 경지이다. 증득은 해오解悟 즉 머리로 이해理解하는 깨달음으로부터 수행修行을 통해 몸으로 깨닫는 것을 의미한다.

중도中道(Majjhima Patipada)에는 수행修行과 교리教理의 양면이 있다.

'어떤 것을 중도中道라고 하는가? 말하자면 팔정도이다何謂中道 所謂八正道.' '相應部'에서 팔정도는 수행修行이다. 그리고 세간의 생멸법상을 능히 알아서 여실히 바로 보는 것을 중도관이라고 한다能知世間生滅法相 如實而見 名中道觀. '마가지관摩訶止觀' 여기에서 생멸법生滅法은 부처님이 정등각한 연기론緣起論으로서 이는 교리이다.

중도설은 양변에 집착執着하지 말라는 기본적이고도 간단한 형식에 불과하다. 그러나 중도는 단순히 이론적인 사항事項이 아니라 수행하여 깨쳐야 하는 실천적인 사항이다. 즉 중도는 수행에 의해 얻어지는 도리, 대상依道理修行可得이다.

수행의 일차적 목표는 집착이라는 병病을 치유治癒, 버리는 데 있다. 성철스님은 '생사生死를 떠나서 해탈한다고 하면 해탈이 근본 목적인가 하지만 해탈에 집착하면 똑같은 변邊이다.'百日法問라고 한다.

집착하는 것은 변견邊見으로 병病이다. '유견有見은 상견常見이고, 무견無見은 단견斷見이다. 이변二邊에도 착着하지 아니하며 중中에도 착하지 아니한다.' 숫타니파타의 피안도품彼岸道品

2절. 중도와 공(空)·불성(佛性)

불교에서의 공空은 수학數學에서 영零(0)이 음수陰數도 아니고 양수陽數도 아니듯 유무有無 양변兩邊을 여인 중도中道이다. *주1

또한 대반열반경大般涅槃經에서는 '상견常見과 단견斷見이 없는 것이 바로 십이연기를 보는 지혜이며, 이와 같이 보는 지혜를 불성이라고 한다無常無斷 卽時觀十二緣紀智 如是觀智 是名佛性.'

1 공(空)은 칸트가 '물자체는 모른다.'로 표현한 바로 그 '모른다.'이다. 수학의 영(零- 0)은 인도 논리학에서의 공(空)·무(無)라는 개념이 수학에 도입된 것으로 인도의 승려이며 수학자인 브라마굽타(598-665)에 의해 처음으로 제시되었다.
당시는 불교의 중관파 나가르주나(용수-龍樹)의 영향으로 인도의 논리학에 공사상이 널리 확장, 번창하던 시기였다. 인도 논리학에서는 공은 단순한 부정이 아니라 우주자연을 해석하는 유용한 개념으로 인정되었다.
그리고 이슬람에 의한 인도 침략 내지 지배와 함께 인도의 수학이 아랍 이슬람 문명으로 전파되면서 지금 우리가 아라비아 숫자라고 오해하고 있는, 인도 수학의 숫자 표기인 1, 2, 3 등과 더불어 영(0)이라는 개념이 아라비아 수학에 접수되었다, 기독교 문명권인 유럽에서 수학에 수용된 것은 그로부터 8세기 후 그러니까 르네상스를 거친 15세기 이후였다.
I, V, X 등으로 표기되는 서양 종래의 로마 숫자에서는 예를 들면 20507을 표기 할 경우, 우리가 그 숫자를 읽고 있는 것처럼 '2만 5백 7'로 표기하였는데 이는 실재 '있음'만을 표기한 것이다. 그들은 0천, 0십이라는 개념 즉 공, 무를 이해하지 못하였다.

여기서 '상견과 단견이 없는 것'은 중도(연기를 보는 지혜)이고 중도가 불성이라는 것이다.

대체적으로 대승불교에서 지칭하는 중도는 근본불교에서의 고苦와 낙樂, 선善과 악惡같은 도덕적, 현상적現象的인 것이 아니라 있다有 없다無의 양단을 부정하는 존재론적存在論的인 중도이다.

즉 '있다'는 견해는 이 세상의 모든 존재는 어떤 실체가 있어서 영원히 존재한다는 극단이고 '없다'는 견해는 실체가 없다는 극단이다. 그리고 중도中道는 유有도 아니고 무無도 아닌 이 두 극단兩端의 부정否定이다.

대반열반경大般涅槃經에서는 '일체중생이 모두 불성을 갖고 있는데一切衆生悉有佛性 그것(불성)은 있는 것도 아니고非有 없는 것도 아니며非無 또한 있기도 하고亦有, 없기도 하니亦無 … 있는 것과 없는 것이 합쳐진 까닭에 중도이다非有非無 亦有亦無... 有無合故 名爲中道.'라고 한다.

용수龍樹(나가르주나)는 '대자도론大智度論'에서 '중도는 진여, 불성을 풀어서 말한 것이다. 그리고 상견과 단견을 떠나서 중도를 행하는 것이 반야바라밀常是一邊 斷滅是一邊 離是二邊 行中道是爲般若波羅密'이라고 한다. 이처럼 불성佛性, 진여眞如와 중도中道는 하나이다.

반야바라밀般若波羅密은 육바라밀六波羅密(普施, 持戒, 忍辱, 精進, 禪定, 般若)이라는 수행의 마지막 단계로 그것은 수행이며 동시에 진여眞如 자체이다. 앞의 대반열반경大般涅槃經

에서 '… 지혜를 불성이라고 한다.'고 한 것도 같은 맥락脈絡이다. 사실 진여는 마음을 떠나 따로 실체가 있는 것이 아니라 깨달은 사람의 마음에만 존재한다.

불성, 중도는 하이데거 형이상학에서의 초월적인 존재存在이다. 그는 '존재'를 다음과 같이 풀어 말한다.

'존재'(유무를 함께 아우르는 의미의)는 '가장 공허空虛한 것이면서 가장 풍요豊饒로운 것이고, 가장 일반적인 것이면서 유일무이唯一無二한 것이며 가장 이해하기 쉬운 것이면서 동시에 모든 개념 파악에 저항抵抗하는 것이며, 가장 망각忘覺된 것이면서 가장 상기想起시키는 것이며, 가장 자주 말해지면서 가장 침묵하는 것이다.'('니체와 니힐리즘' 하이데거)

여기서 공허와 풍요, 일반적과 유일唯一 등등은 양단兩端이다. 불교에서는 양단을 부정, 부정적否定的으로 표현하는데 비해 하이데거는 이 양단을 긍정적으로 표현하고 있다. 그러나 이는 표현의 차이일 뿐 그 내용과 의미는 동일하다. 선종禪宗에서는 이를 각각 쌍차雙遮와 쌍조雙照라고 한다.

하이데거가 존재를 '가장 공허空虛한 것이면서 가장 풍요豊饒로운 것' 같은 대립관계로 해석한 것은 존재와 존재자를 구별한 양면성兩面性의 관점에서 이해한 것이다.

존재 즉 공空(法性)은 풍요豊饒로운 것이고, 유일무이唯一無二한 것이며, 모든 개념 파악에 저항抵抗하는 것이며 상기想起시키는 것이며 침묵하는 것이다.

공空(法性)은 천지만물의 근거 즉 천지만물을 포용包容하고 있기에 풍요롭다. 또한 공^{空}은 색^色(存在者)이 갖는 대소^{大小}같은 상대개념을 갖고 있지 않다. 즉 유일무이하다. '이것이다. 저것이다'라고 분별하거나 나눌 수 있는 것은 현상계 즉 존재자이다.

또한 공^{空}은 개념화 할 수 없다. 우리가 그것을 무엇이라고 규정하려 하는 순간 그것은 손에서 모래알이 빠져나가듯 우리로부터 사라져버린다. $^{주\ 2}$ 따라서 공^{空}에 대해서는 침묵할 수밖에 없다. 공^{空}은 이심전심^{以心傳心}으로만 가능한, 따라서 부처님도 14무기^{無記} 즉 형이상학적 질문에 대하여는 침묵하였다.

반면에 존재자 즉 색^色(現象)은 '공허^{空虛}한 것이고, 일반적인 것이며, 이해하기 쉬운 것이고, 망각된 것이고, 자주 말해지는 것'이다.

중관학파에서는 현상^{諸法}은 잠시도 머물지 못하고 끊임없이 생멸^{生滅}하기에 허깨비^{幻}같다고 한다. 즉 공허^{空虛}하다. 또한 평범해서 이해하기 쉬운 일상^{日常}(現象)에서 인간은 자기 생명의 근본뿐만 아니라 자기가 살고 있다는 사실조차도 의

---

2   불성(佛性)은 중국철학의 자연(自然)이고 하이데거 형이상학에서의 존재(存在)로서 진리(眞理) 그 자체이다. 한편 마음은 수동적(受動的)으로는 진리를 함장(含藏)하고, 능동적으로는 진리를 깨닫는다. 아니면 우리는 진리를 알 수 없다. 그러므로 지혜(知慧)가 곧 불성이다. 그 지혜는 반야바라밀로 불성은 수행에 의해 얻어지는 도리, 대상(依道理修行可得)이다.
    '나는 나의 님을 힘껏 껴안았읍니다. 나의 팔이 나의 가슴을 아프도록 다칠 때에 나의 두 팔에 비어진 허공은 나의 팔을 뒤에 두고 이어졌읍니다.' (한용운의 '님의 침묵' 중에 '잠 없는 꿈')

식하지 않고 있다. 즉 자기 존재의 의미를 망각忘覺하고 있다.

그러나 이러한 존재의 해석은 존재와 존재자의 관계를 말한 것이지 존재 자체의 양면성을 말한 것이 아니지 않은가? 라는 의문이 생긴다. 하이데거는 이에 대해

'그러나 올바르게 사유할 경우 이러한 대립對立(가장 공허空虛한 것이면서 가장 풍요豊饒로운 것이고… 등)들은 존재의 본질 자체 내의 대립들인가? 오히려 그것들은 표상작용과 이해와 말함言語을 통하여 우리가 존재에 대하여 관계하는 방식에서의 대립들일 뿐이지 않을까?'라고 자문自問한다.

그러나 그는 이어서 '그러한 경우(표상, 이해, 말)일 때 조차 우리는 단순히 존재자에 대해서가 아니라 존재에 대한 관계의 규정을 달성한 것이 될 것이다('니체와 니힐리즘' 하이데거).'라고 한다.

왜냐하면 '존재와 존재자의 관계에서의 선후先后는 존재가 현성하고 존재자가 존재하게 되는 관점에서 보면 존재는 존재자에 앞선다^{apriori}. 그러나 우리가 존재와 존재자를 이해, 파악把握하는 시간적 순서에서 보면 존재자는 존재에 앞선다. 따라서 우리가 존재에 대해 말할 때 우리는 이해, 파악한 존재자를 통하여 설명하는 수밖에는 없다.

존재/존재자라고 하여 이 대립을 어떤 흐름의 양 언덕에 서 있는 것처럼 생각하기 쉽지만 그것은 전혀 오해이다. 존재와 존재자는 하나도 아니고 둘도 아닌不一而不二, 차연差延의 관계이다.

2.1. 중도와 근본

중도^{中道}가 불성^{佛性}, 존재^{存在}라는 의미는 중도가 현상계^{現象界}의 근원, 근본이라는 것이다. 유교^{儒敎}의 '중용^{中庸}'에서는

> '희로애락의 감정이 일어나지 않은 상태를 중(中)이라 하고 감정이 일어나 모두 절도에 맞는 상태를 화(和)라고 하니, 중이라는 것은 천하의 큰 근본이요, 화는 천하 사람들이 달성해야만 하는 길(道)이다(喜怒哀樂未發 謂之中 發已皆中節 謂之和 中也者 天下之大本也 和也者 天下之達道也).'라고 한다.

중^{中}은 근본으로 나무의 뿌리처럼 땅속에 감추어져 있으면서 나무를 지탱^{支撑}한다.

하이데거는 존재^{存在}가 갖는 이러한 측면에 대해 언어^{言語}의 관점에서 지적^{指摘}하고 있다.

'이다', '있다'라는 말은 단지 많이 사용하는 것에 그치지 않고 '이다' 없이는 말이 성립하지 않는다. 즉 '있다'가 없는 '산이 -', '강물이 흐르고-', '학생이 교실에-'로서는 말이 성립할 수 없다. 즉 모든 말을 지탱^{支撑}한다. 여기서 산, 강물, 학생 등은 존재자로, 존재('이다' '있다')는 이런 존재자들을 지탱하고 있다.

이렇게 중도에 대해 말하지만 그 중도 역시 '그 무엇'이 아니다. 이를 성철스님은 '중도는 양극단의 가운데에 박아

놓은 말뚝 같은 것이 아니다.'라고 한다. '그 무엇'이 아니라는 것은 '그 무엇'이라고 규정할 수 없다는 것이다. 즉 말할 수 없다는 것이다.

또한 이 말은 인식認識의 전제前提인 개념화를 부정함으로써 존재, 중도가 인식의 대상이 아님을 분명히 하고 있다. 이를 법칭(다마르키르티)은 '사유思惟할 수 있으나 인식할 수 없는 것을 공空'이라고 한다.

공空은 개념화 할 수 없다. 그러나 우리는 불교의 진리를 이해하기 위해서는 진리의 개념화를 거부拒否할 수 없다. 그리고 그 개념화된 진리가 '모래알처럼 우리 손을 빠져 나가지 않도록 하는 것'이 수행修行이다. 해오解悟는 수행의 시작점始作點이다.

3절. 중도와 무자성

그리스어語에서 파르마콘Pharmakon은 치유治癒와 독약毒藥이라는 상반된 뜻을 갖는데 문맥文脈에 따라 그 내용이 달라진다.

플라톤은 '대화편對話篇' '파이드루스'에서 파르마콘이라는 용어用語를 설명하면서 약藥과 독毒은 서로 다르지만 사실상 약과 독이 서로 다른 것으로 분리되어 있는 것이 아니라 하나의 약물藥物의 양가성兩家性이라고 한다. 즉 약물의 본성은 약도 아니고 독도 아닌 이중적 존재, 중도이다.

16세기 의학醫學에 화학적化學的 개념을 접목시킨 파라셀서스(Paracelsus 1493-1541)는 '약과 독의 차이는 용량用量이다.'라고 하였다. 즉 약물藥物에는 약이다, 독이다 하는 자기의 본성自性이 없이 다만 용량에 따라 나뉜다는 것이다.

불교에서는 이런 자성이 없는 것, 무자성을 공空이라고 한다. 따라서 공空은 약물 자체가 없다는 것이 아니라 자립적, 독립적으로 존재하는 본성을 가지고 있지 않다는 것이다. 다시 말해 자기의 본성이 없는 것이 아니라 약물, 독물이라는 자가성自家性이 없는 것이다.

대승불교를 대표하는 중관학파中觀學派는 중도中道를 해명하는 것을 근본으로 하기에 붙여진 이름으로 중관학파는 부파(아비달마)불교의 실재론과 반야부의 공사상을 비판하는 입장이다.

중관학파에서는 중도中道를 무자성無自性, 공空 그리고 연기緣起와 연계시켜 설명한다.

중관사상의 요체要諦는 모든 사물은 연기緣起하는 것이기 때문에 세속世俗에서는 환영幻影과 같은 것으로만 생기生起하지만 승의勝義로서는 자, 타, 자타쌍방과 비인非因에서 생기지 않기 때문에 자성自性을 가지지 않는다. 즉 무자성, 공空이다.

따라서 세속에서는 무가 아니며 승의로서는 유가 아니기 때문에 유와 무, 어느 변(邊)에도 집착하지 않고 머물지 않는 중도中道이다.

그리고 무자성에 대해 '제법諸法은 자체自體에 의해 성립하고 있는 자성自性이 티끌만큼도 없는데, 그럼에도 불구하고 소생所生(생겨난 대상)과 능생能生(생기게 하는 능력), 부정과 긍정 등의 윤회(세속)와 열반涅槃(해탈)의 설정을 모두 승인하는 것이 가능하다.'고 한다. 즉 현상세계를 긍정적으로 정립定立하는 것이 가능하다는 것이다.

그리고 이에 대해 총카파는

'어떤 사람들은 자상(自相)에 의해 성립하고 있는 제법에 자성(自性)이 없는 것(無自性)을 무(無)라고 보고, 그것을 이유로서 (사물이)있다고 한다면 '진실로서 있는 것'이라고 동일시하여, 세속적인 것은 그대로이지만 그것과 다른 것(승의의 진실)은 진실로서 성립하고 있다.'라고 하지만 둘 다 중관의 종견(宗見)으로부터 벗어나 있다. 왜냐하면 중도(中道)가 나가르주나의 종견(宗見)이기 때문이다.

또 이어

'자성(自性-자기 본성)을 배제하는 것만으로 그 대상을 어떻게 부정할 필요가 있겠는가. *주 3 그와 같이 이해하는 것(자성을 부정하는 것)은 인법(人法) 2아(二我)에서 상(相)에 집착하는 것에 대한 대치(對治)로, 거기에는 상(相-현실세계)에 대해 조금도 집착하는 것이 없기 때문이다.'(도차제론(道次第論))

총카파는 이글에서 두 가지를 말하고 있다. 하나는 무無와 무자성無自性은 같은 것이 아니라는 점이다. 무자성(無自性)(자성의 부정)은 대상의 존재(실체)를 전면 부인하는 것이 아니라, 다만 존재의 자립성自立性, 독립성獨立性, 바꿔 말하면 자립적, 독립적인 존재를 부정하는 것이다.

다른 하나는 '있다고 한다면 진실로서 있는 것' 즉 아트만Atman이나 기독교의 신神과 같은 절대적 존재자를 부정하고 있다. 이를 '불성론佛性論'에서는 '여래如來의 자성은 공空하다.'라고 한다. 이러한 논리들은 중도를 무자성無自性의 관점에서 해석한 것이다.

4절. 중도와 연기(緣起)

연기론은 중도를 증명하기 위해 설립된 것이라 할 만큼 중도와 연기의 관계는 밀접하다. 연기는 중도의 근본내용으로 '중도가 연기이고 연기가 중도'라 해도 큰 무리가 없다. 연기를 바르게 이해하는 지혜智慧가 불성이고 중도이다.

---

3 인도 문법(文法)에서는 부정(否定)을 나타내는데 상대부정과 절대부정의 둘이 있다. 상대부정은 어떤 것의 존재를 부정하더라도 다른 것의 존재에 대한 긍정적 의미를 내포(內包)하고 있다. 절대부정은 어떤 긍정적인 의미도 내포하고 있지 않다. 상대부정은 양단(兩端)의 부정으로 중도와 같은 맥락(脈絡)에 있다. 공성(空性)에 대한 양단(兩端)의 오해 중에 하나는 허무주의(虛無主義)의 관점에 따라 공성을 무(無-없음)로 보는 것과 다른 하나는 공성 자체를 어떤 종류의 실체 즉 궁극적 실체로 보는 것이다.

근본불교에서 말하는 연기의 원형 즉 연기의 근본은 '이것이 있으므로 저것이 있고, 이것이 생겨나므로 저것이 생겨나며, 이것이 없으므로 저것이 없고, 이것이 멸하므로 저것이 멸한다.'此有故彼有 此生故彼生 此無故彼無 此滅故彼滅 잡아함경雜阿含經에서 이는 중도를 말한 것이다.

가전연경迦旃延經 역시 연기설에 입각하여 중도를 설하였다.

'연기란 무엇인가? 비구들이여 생을 연하여 노사가 있다. 여래가 세상이 있지 않아도 이것은 정하여져서 법으로 확립되어져 있으니, 곧 서로 의지하는 성질(依他性)이다. 여래는 이를 증득(證得)하고 이를 안다. 증득하고 알아서 교시(敎示)하고 선포하며 상설하고 개현하며 분별하고 명료하게 한다. 너희들은 보라.(가전연경)

여기서 의타성이란 '이것이 있으므로 저것이 있고, 이것이 없으므로 저것이 없다.'고한 중도 이다. '서로 의지한다는 것'은 이를 적극적積極的으로 해석하면 서로 융통자재融通自在하다는 뜻이다. 중도를 깨우치면 해탈한다고 한 것은 곧 장애가 없는 융통자재한 상태에 이른 것을 의미한다.

대지도론大智度論에서는

'십이연기에는 무명(無明), 행(行), 식(識)...생(生), 노사(老死)로 읽는 순관(順觀)과 노사진(老死盡), 생진(生

盡), 행진(行盡), 무명진(無明盡)으로 읽는 역관(逆觀)이 있는데 '무명이 한 변이고 무명이 다한 것(無明盡)이 한 변이며, 늙고 죽음이 한 변이고 늙고 죽음이 다 한 것이 한 변이다(無明是一邊 無明盡是一變 乃至 老死是一邊 老死盡是一邊).'라고 한다.

순관順觀은 축조적築造的이고 역관逆觀은 파기적破棄的으로 순관은 괴로움과 번뇌가 생기는 과정으로 유전연기流轉緣起, 유전문流轉門이라 하고 역관은 그 괴로움과 번뇌가 생기는 윤회輪廻로부터 벗어나는 과정으로 환멸연기還滅緣起, 환멸문還滅門이라고 한다.

십이연기는 중도의 내용이고 중도를 바로 읽으면 해탈한다고 했을 때, '바로 읽으면'은 12연기에 대한 역관逆觀을 말한 것이다. 이를 사제四諦의 관점에서 보면 순관은 고뇌의 생기법生起法으로 집제集諦이고 환멸법還滅法은 멸제滅諦이다.

중론中論의 불생불멸不生不滅로 시작되는 관인연품觀因緣品은 귀경게歸敬揭라고 하는데 부처님께서 가장 중요한 진리인 연기를 가르쳐 주신 데 대한 존숭尊崇이다. 불생불멸은 곧 중도이다.

또한 '일체 중생이 모두 불성을 가지고 있고一切衆生 悉有佛性 大般涅槃經' 그렇기 때문에 '부처와 중생이 둘이 아니며 하나이다佛及衆生 一而無二 仁王般若波羅密經' 역시 중도의 관점을 말한 것이다.

2장   3시법륜(三時法輪)의 의의(意義)

1절. 3시법륜에 대한 이해(理解)

붓다의 설법說法 내용을 시간 별로 범주화할 때 이를 3시時로 나누는데, 대체로 제 3시時에 이르러 공空, 연기緣起, 무자성無自性의 내용이 좀 더 분명해진다고 할 수 있다.

초전법륜初轉法輪은 바라나시(사르나트의 녹야원鹿野院)에서 사성제四聖諦를, 제 2전법륜은 라자그리하에 있는 영취산에서 공空, 연기법緣起法에 대해 설한 것으로 반야심경般若心經, 중론中論 등이 이에 해당하고, 제 3전법륜은 바이살라에서 불성佛性에 대해 설한 것인데 대반열반경大槃涅槃經, 화엄경華嚴經과 해심밀경解深密經 등은 이에 해당한다.

이를 유식학파唯識學派인 '해심밀경' '무자성상품無自性相品'의 이론에 의하면

부처님의 설법은 유有, 공空, 중中의 삼시교三時教로 이루어져 있다.

제1시第一時는 주로 아함경의 내용으로 구성 요소의 실재성을 설명하고 있으니 유교有敎이고, 제2시第二時는 주로 반야경의 내용으로 일체개무자성一切法皆無自性, 무생무멸無生無滅, 본래적정本來寂靜이니 이는 공교空敎이다. 제3시第三時는 주로

화엄경과 해심밀경의 내용으로 이는 유有와 무無를 현저하게 드러내어 비공비유非空非有이며 역공역유亦空亦有의 궁극적 경계에 대해 설법하신 것이니 이는 중도교中道敎이다.

다른 말로 하면 1시법륜에서는 모든 현상의 본성인 공성空性보다는 개별 현상의 존재를 설說하였다면隱空說有 2시법륜에서는 개별 현상의 존재보다는 모든 현상의 본성인 공성을 설하였다隱有說空. 그리고 3시법륜에서는 불성佛性을 설함으로써 공성의 의미를 밝혔다. 이에 따라 2법륜의 공성을 은밀상隱密相, 3시법륜의 그것은 현료상現了相이라 한다.

불성佛性(如來의 自性)은 중국철학의 자연自然, 하이데거 형이상학에서의 존재存在와 같은 의미이다. 불성은 공空(비어 있음)과 법성法性이라는 두 이름으로 표현된다.

대승불교 경전經典은 불성에 대한 이해에 따라 2시법륜에 따른 반야부般若部 경전經典과 3시법륜에 따른 대반열반경大般涅槃經이나 화엄경華嚴經 등의 두 범주로 나눌 수 있다. 대승불교 *주 1 를 창시創始하여 불교를 새롭게 부흥復興시킨 용수龍樹는 이 두 범주 모두를 설說하였다.

반야경般若經에서는 불성을 공空이라고 한 반면에 대반열반경이나 화엄경에서는 법성法性으로 표현하고 있다. *주 2

---

1   여기서 제2시를 공교(空敎)라 하고 제3시를 중도교라고 한 것은 제3시의 설법이 제2시 보다 우월하다는 해심밀경의 입장을 나타낸 것이다.

2   법성(法性)은 제법(諸法)의 본성(本性)으로 우주 만물의 근거(根據)이다.

불성이 공空으로 이해되었을 때 제법諸法(五蘊)의 생기生起는 연기緣起에 의한 것으로 밖에 설명할 수 없다. 그러나 연기는 존재자의 존재법칙이지 존재자를 발생케 하는 근거는 아니다. 그러나 법성法性은 탁사현법託事顯法처럼 존재자(제법)의 근거이다. 그렇게 되면 법성과는 전혀 다른 의미가 된다. 3시법륜에서는 그것을 밝히고 있다.

3시법륜에서 말하는 은밀상과 현료상의 차이는 공空과 법성法性의 차이이다.

불성을 공空이라고 한다는 것은 하이데거 형이상학의 존재의 감추어진 상태Schlier des Seins에 방점傍點을 둔 것으로 불성佛性의 감추어진 모습 즉 은밀상隱密相이고, 법성이라 한 것은 존재의 빛Liechtung des Seins에 초점을 맞춘 것으로 불성의 드러낸 모습 즉 현료상現了相이다.

공空을 존재存在의 감추어진 상태로 이해함으로써, 공空이 존재자를 있게 하는 '그 무엇' 즉 존재자의 근거임이 드러난다. 이것이 '3시법륜에서 공성의 의미를 밝혔다.'는 의미이다.

2시법륜과 3시법륜의 주제主題는 모두 공성空性으로, 공성空性을 일체개무자성一切法皆無自性, 무생무멸無生無滅, 본래적정本來寂靜으로 보는 점에서는 같지만 그것을 추구하는 수행자의 지향성志向性에는 차이가 있다. 즉 2시법륜이 대승大乘을 지향한發趣修大乘 반면에 3시법륜은 일체승發趣一切僧을 지향하였다.

이를 공의空義(공의 깊은 뜻, 목적)의 관점에서 보면 대승은 중관학파의 중론中論의 교리敎理 그리고 일체승(일승)은 화엄사상이 그 중심에 있다.

'중론'의 공의空義는 세속의 부정否定을 통해 승의勝義 즉 희론이 적멸寂滅한 상태, 해탈에 이르는 것이다. 반면에 화엄사상에서의 공의는 법성法性에서 제법諸法(世俗)으로 나타나는 과정을 밝히는 것이다. 예를 들면 화엄사상의 십현문十玄門이 그러하다.

다시 말해 '중론'의 목적은 세속, 세속제世俗諦로부터 벗어나 해탈에 이르는데 있고, 화엄사상에서는 이미 이루어진 화엄의 세계를 해명解明하는데 있다.

'중론'에서 세속은 부정대상으로 그로부터 벗어나야 한다. 그러나 세속으로부터 벗어나기 위해서는 세간으로부터 도피가 아니라 가장 깊이 세간사世間事에 간여干與하여 세간사를 극복해야만 한다. 그것이 진정으로 세속을 벗어나는 길이다.

즉 '세간世間을 버리고 세간에 나는 것이 아니라 세간에 들어서 세간에 나는出世間' 것이 대승의 입장이다. 그리고 그것이 보살정신菩薩精神, 보살의 마음이다.

반면에 화엄사상에서 화엄의 세계를 해명解明하기 위해서는 마음을 한 곳에 모아야 하고 그것이 참선參禪이다. 그리고 역설적으로 효과적인 참선을 위해서는 세간을 벗어나야 한다.

2절. 2시법륜과 3시법륜의 우열(優劣)관계

이 논의論議의 초점은 2시법륜의 은밀상隱密相은 논쟁을 야기 惹起시킬 수 있는 반면 현료상現了相은 그것을 종식終熄시킨다 는 차이에서 비롯된다. 그로부터 은밀상을 미료의未了義, 현 료상을 진료의眞了義라는 우열 관계로 보는 방식이 생기게 되었다.

해심밀경解深密經 *주 3 '무자성상품'에는 2시법륜에 대해 '위가 있고, 여지가 있으며, 명시적明示的이 아니다. 명시적이 아니기 때문에 논쟁이 있을 수 있다比第三 有上, 有容, 是未了義, 由未 了故 猶有爭論'라고 하였는데, 이는 2전법륜에 비해 3전법륜이 우월하다는 해심밀경의 근본관점을 드러낸 것이다.

원측圓測 *주 4은 해심밀경을 궁극적 진리로 해석하려는

---

3   초기 불교는 종교라 할 수 없다. 단지 계율과 인간적인 스승에 대한 경배심(敬拜 心)에서 모인 승려집단일 뿐 어떤 기도행위나 종교적 열정, 초월적 존재에 대한 귀 의(歸依)같은 것은 없었다. 부처(佛)는 그저 숭고한 인간일 뿐 그 이상의 존재가 아 니었다. 그래서 그가 열반에 든 후에도 존재하는지 아닌지는 의문거리였다.
대승불교에서는 부처를 단순한 역사적 실존 인물로 간주하지 않았다. 부처는 모든 존재의 핵심(法身)이고, 또 거룩하고 신성한 형상(報身)을 갖추고 있으며, 중생을 미망(迷妄)으로부터 인도해주는 진리(法)를 전하기 위해 자유 자재하게 갖가지 형 상(化身)을 나타내기도 한다. ('불교의 중심철학' 무르띠)

4   화엄경에서는 '허공(虛空)은 빛이 있는 곳이나 빛이 없는 곳이나 어디고 다 갑니다 … 허공은 형상(形相)이나 빛이 없기 때문입니다. 여래의 법신(法身)도 이와(허공) 같아서 일체의 장소, 일체의 법, 일체의 중생 어디에도 가지만 가는 곳이 없습니다 (여래성기품).' 라고 한다.
이는 법신(法身)의 성품이 공(空)하다는 것으로 공(空-허공)과 법성(法性-法身)이 같다는 것이다.

경향을 지지하였다. 그 예例로써 해심밀경의 '세존이시여 이 심오하고 비밀스러운 법문 … 이를 승의요의勝義了義의 가르침이라 이름하노라世尊! 於是海深密法門….此名勝義了義之敎'를 들었다.

그는 '위가 있음'은 이상以上의 뛰어난 가르침이 있음有上勝敎이고, '여지가 있음有容'은 이것보다 더 뛰어난 가르침의 여지가 있음有容勝敎이라고 보았다.

그리고 '논쟁의 여지餘地'에 대해서는 중관사상이 자칫 사람들로 하여금 공성空性을 오해하여 '아무 것도 존재하지 않는다.'라고 생각하는 이른바 공집空執에 빠지게 할 위험이 있으며 그런 면에서 중관사상은 해심밀경을 근본으로 하는 유식唯識사상에 비해 불완전하다고 보았다. 따라서 그는 '논쟁이 있을 수 있다猶有爭論'의 논쟁을 논파論破로 이해하였다.

이에 비해 총카파(1357-1419)는 중관파의 입장에서 2시법륜의 반야경을 승의勝義 즉 궁극적 진리로 인식하였다. 그는 반야경이 비명시적非明示的임을 원인으로 설법의 내용 자체가 불완전하다는 것을 수용할 수가 없었다. 그러나 사실 그는 원측을 신뢰하고 존경하였다.

그는 유상有上에 대해서는 이를 '명시적'으로 해석하여, '더 이상의 명시적 승의勝義'가 있음에 대해서는 반론을 제기하지 않는다. 이는 승의가 명시되었다는 의미로, 그에게 명시明示는 중요하지 않다. 그러나 유용有容과 유쟁론有爭論에 대한 해석에는 원측과 다르게 보았다.

원측은 이 둘을 '더 뛰어난 가르침'과 '타인에 의한 논파論破(論爭)의 여지가 있음'을 따로 해석하였는데 총카파는 유용有容(여지가 있음)과 유쟁론(논쟁의 여지가 있음)을 하나로 보았다. 즉 여지가 있음은 논쟁의 여지가 있음이라는 것이다.

그리고 타인에 의한 논쟁論爭의 여지가 있음有容他破에 대해서는 승의제眞諦에 대한 중국의 주석註釋에도 유난有難(논쟁을 동반함)이라는 표현이 있다고 하여 논쟁의 가능성이 우열의 근거일 수 없다는 점을 분명히 하였다.

3시법륜에서는 불성을 법성法性 즉 사물(만법)의 근거로서(사물을 존재케 하는 능력) 명시적으로 해석하고 있다. 그렇다고 하여 반야경의 공空의 의미가 잘못되었다는 것은 아니다 *주5

근본적으로 초탈超脫을 지향하는 불교의 진리는 부재不在와 부정否定으로만 확인된다. 중관학파의 주류主流인 귀류파에서의 논증은 상대 명제의 부정으로 이루어진다. 또한 대승불교에서의 '세간世間을 버리고 세간에 나는 것이 아니라, 세간에 들어서 세간에 나는 것'은 역설적逆說的 부정否定이다.

공空은 유有의 부재이다. 그것은 근본적으로 불교의 진리는 초탈이라는 관점에서 보면 공空은 그 이미지Image만으로도 불교의 진리를 전傳한다.

공空을 강조하는 반야경의 목적은 모든 현상세계, 더 나아가 부처님의 언어言語로 가르치신 진리까지도 부정否定함으로써 현상세계에 대한 집착뿐 아니라 모든 관념觀念의 허구성虛構性을 강조함으로써 해탈에 이르려는 것이다. °주6

이러한 부정否定, 거부拒否는 소승小乘(아비달마 불교)에서 문자화, 언어화된 가르침을 절대불변의 진리라고 집착한데 그 원인이 있다. 공空은 언어의 경지를 넘어선 진리이다.

2시법륜의 공空이 허무주의虛無主義를 우려憂慮해야 하는 반면에 3시법륜은 실재론實在論을 경계警戒해야만 한다.

공空을 법성法性이라는 구체성을 띤 존재存在로 밝힌 3시법륜은 실재론이 등장하는 계기가 되었다. 중관학파 내內의 이변중관설離邊中觀說은 이희론離戱論으로 오히려 언어의 경지를 넘어선 진리가 어떤 실재實在로서 존재한다고 믿는 경향이 있었다. 그리고 그것이 불성론과 만나 실재론實在論인 여래장사상으로 나가게 되었다.

---

5 인도 대승불교의 정통(正統)인 유식학파의 '해심밀경'은 법성 자체를 궁구(窮究)하는 중국의 화엄사상과는 달리 법성의 수용(收容) 여부만을 문제시 한다. 왜냐하면 법성 자체는 인식의 대상이 아닌, 인식 밖의 문제이기 때문에 유식학의 범주에는 포함되지 않는다.
그러나 화엄사상이 생장(生長)한 중국문명의 특징은 경험주의 철학이고 그들이 중요하게 여기는 것은 논리(論理)가 아니라 관조(觀照)에 따른 직관적 지혜(知慧)이다. 따라서 화엄사상에서는 이를 궁구(窮究)할 수 있었고 십현문은 그 결과이다.

6 신라의 스님인 원측(613-696)의 속명(俗名)은 김문아(金文雅)이다. 그가 저술한 '해심밀경소(海深密經疏)'는 드물게 티베트어로 번역, 전승(傳承)되어 왔다.

3장 공(空)과 법성(法性)

1절. 공(空)에 대한 이해
1.1. 공(空)의 일반적 이해

불교에서의 공은 무無를 의미하지 않는다. 공空은 실재론과 허무론의 관점을 초월한, 다시 말해 사물의 유·무 분별을 초월한 경지이다. 이는 형이상학을 의미하는 Metaphysics에서의 Meta가 초월을 뜻하는 것과 같은 맥락脈絡이다.

공空을 해석하는 문구文句는 많다. 법칭法稱(Dhamarkirti)은 '사유思惟의 대상이기는 하지만 인식認識할 수 없는 것이 공空이다.'라고 했다.

인식은 감각感覺과 개념으로 구성된다. 즉 감관感官에 의해 취해진 자료를 개념화槪念化한 것이 인식이다. 따라서 '인식할 수 없는 것'은 감관의 대상인 현상現象이 아니라는 의미이다.

인식이 감관에 전적全的으로 의존하는 것에 비해 사유思惟는 그러한 제한으로부터 자유롭다. 다른 말로 하면 인식이 Physics에 제한되는 반면에 사유는 Metaphysics, 현상을 초월한 영역에 자유롭게 놓여 있다. 즉 인식이 경험적인 것에 제한되는 것에 비해 사유는 선험적先驗的인 영역을 갖는다.

법칭이 말한 사유의 대상은 곧 법성法性, 공空이다. 이를 칸트는 '물자체(사물의 본성)는 알 수 없다 그러나 그 존재

는 인정해야 한다.'고 하였다

중관학파에서는 공空을 연기緣起, 무자성無自性과 연계하여 설명한다.

찬드라키르티Candrakirti는 '연緣에 의존하는 것, 그것은 공空하다.'고 한다. 즉 연기緣起에 의해 성립되는 것(현상)은 자기 본성自性이 없기에無自性 공空하다는 것이다.

'회쟁론廻爭論'에서는 '만일 사물들이 실로 자성自性(svabhavatas-스스로)으로서 존재하는 것'이라면 인因과 연緣을 여의고(만나지 않고)도 존재하는 것이리라. 그러나 그것들은 그렇지 않다고(22게송) 한다. 그러므로 현상세계는 무자성이고 공空하다.

그러나 이 말(무자성)은 '사물에 본체가 없다고 하는 사실'을 만들어 내는 것이 아니고 다만 모든 것에 본체가 없다는 것을 알리는 것뿐이다.―切諸法無自體者 此語不能作―切法無自體 無但知諸法法無自體無體 '회쟁론廻爭論'라고 한다. *주1

이에 대해 밧타차리아(Benoy Tosh Bhattacharya 1897-1964)는 '중관론사中觀論師가 모든 사물은 '자성이 없다.'거나 '공空하다'고 말하는 경우에 결코 그것들이 존재하지 않는다고 말하는 것이 아니다. 다만 그것들이 '의존적依存的으로 발생緣起'한다고 말하는 것일 뿐'이라고 한다.

---

1 '무자성'은 그것을 적극적으로 주장할 경우에 무존재로 오해될 여지가 많다. '낙서금지(落書禁止)'는 다른 면에서 보면 그 자체가 낙서(落書)라 할 수 있다. 그러나 그것의 본뜻은 낙서하지 말라고 알리는 것뿐이다.

3장. 공(空)과 법성(法性)

이어서 그는 '공성^{空性}의 논리는 한편에서 그것은 경험적 실재를 성립시킨다. 다른 편에서 그것은 초월적인 것을 가리킨다.'

이를 중론^{中論} 관사제품^{觀四諦品}에서는 공^空의 이치가 있기 때문에 모든 존재가 성립할 수 있다. 만일 공^空의 이치가 없다면 어떤 존재도 성립하지 않는다.^{以有空義故 一切法得成 若無空義者 一切則不成} - 14게^偈 고도 한다.

한편 인연으로부터 발생하지 않는 존재는 단 하나도 없다. 그러므로 일체의 존재는 공^空 아닌 것이 없다.^{未曾有一法 不從因緣生 是故一切法 無不是空者} - 18게^偈 고도 한다. 결과적으로 공성은 연기^{緣起}를 의미한다.

밧타차리아가 공성이 '경험적 세계(현상세계)를 성립시킨다.'고 한 말은 연기가 경험적 실재를 성립시킨다는 것이고 '초월적인 것을 가리킨다.'는 말은 공성은 제법^{諸法}(현상세계)을 넘어선^{形而上的} 선험적 존재라는 뜻이다.

또한 공^空의 의미는 가능태^{可能態}와 현실태^{現實態}의 관계로도 이해된다.

'여래의 자성^{自性}은 공^空하다.'에서의 공^空은 여래의 자성^{法性}을 부정하는 단멸공^{斷滅空} 즉 단지 '존재하지 않음'을 뜻하는 것이 아니다. 그 공^空은 여래의 자성은 가능성으로 존재할 뿐 현실태^{現實態}(現象)가 아니라는 의미이다.

탁사현법^{託事現法}은 '법성이 사물에 의탁해 자신을 드러낸다.'는 뜻인데 이는 사물은 법성의 자기 실현이라는 의미이다. 이러한 법성 자신의 성격은 (사물을 존재하게 하는) 가능 존재可能 存在 즉 아직 현실태現實態가 아니라는 것이다.

유가儒家의 유일한 철학서哲學書인 '중용中庸' 제 일장天命章은 천天이 명하는 것을 일컬어 성性이라 하고, 성을 따르는 것을 도道라 하고, 도를 닦는 것을 일컬어 교敎 天命之謂性, 率性之謂道, 修道之謂敎라고 한다.

여기서 천天은 초월적인 존재가 아니라, 자연의 신격화神格化로 천명天命은 자연이 '일 함'이라는 의미이다. 그리고 자연의 일함이 곧 성性이다.

자연自然은 자신 안에 만물을 생성, 발현케 하는 가능성可能性을 담지하고 있으며 그것을 표출表出하는 천명天命이 곧 성性이다. 따라서 소나무나 꽃 같은 자연이 현실태라면 성性 자신은 가능성으로 존재한다.

서양 근대형이상학 역사에서 니체Nietzsche의 '권력에의 의지'는 형이상학적 '존재'(정확하게는 존재자성)의 지위에 있다. 니체가 말하는 '권력權力에의 의지意志'에서의 '권력'은 정치권력처럼 남을 지배하려는 권력이 아니라 동양철학의 성性과도 상통相通하는 모든 생명체가 갖고 있는 생성生成의 힘이다. 그리고 '의지意志'는 아직 드러나지 않은 가능성 즉 잠재세潛在勢에서 현재세現在勢로 발현하려는 의지이다.

공空은 열려진 빈터 또는 펼쳐진 공허空虛라는 의미로 읽혀지기도 한다.

'열려진 빈터'는 곧 뒤에 생겨날 만물이나 우주가 들어

갈 공간으로, 변화나 작용이 비로소 생겨나게 되는 가장 기본적인 사태事態이다. 공은 만물을 생기生起게 하는 텅 빈 공간이자 가능성可能性으로 열린 공간이다. 여기서 '가능성'은 본성을 품수稟受하고 있다는 의미이다.

이렇게 공을 이해, 설명한다고 하여 그것으로 공空 자체를 체득體得 즉 깨달을 수 있는 것은 아니다. 공空을 깨닫는 것은 공을 의식세계意識世界로 끌어 올리는 시도試圖와는 전혀 다르다. 공空은 전락顚落된 표상表象, 관념觀念이 아니다.

공은 이론理論이 아니고 수행修行을 통해 증득證得(體驗)되는 인간 이성理性의 극한極限에 위치하고 있다. 그것은 언어를 부정하는 반야般若, 직관의 경지이지만 그렇다고 하여 어떤 신비神秘의 체험은 아니다. 그것은 엄연히 이성의 범주에 속한다.

이러한 공空은 오직 근원적인 먼 곳을 통해서만 인간에게 가까이 다가온다. 즉 인간이 세상을 초월할 때, 마음을 비웠을 때만 인간에게 다가온다.

1.2. 공(空)의 논리적 이해

불교철학에서는 경험적 실재라는 베일veil 뒤에 그것의 선험적 근원으로서의 존재 즉 형이상학적 존재론을 설립했다.

선험적 근원으로서의 존재를 설명하는 방식에는 첫째 무상無常한 경험적 존재를 넘어서 영원한 실체permanent substance를 상정想定하는 방식이 있고, 둘째 그러한 영원한 실체를 상정하지 않는 방식 즉 비실체적非實體的 사유思惟(non substance ontology)가 있다.

1.2.1. 영원한 실재론(實在論)

아리스토텔레스는 '영원한 실체'에 대해 '모든 현상의 근저에 있는 불변의 궁극적 실재로 스스로는 운동하지 않지만 모든 것을 움직이게 하는 원동자原動者, 제일 실체(제일 원인)이다.'라고 한다.

    이러한 철학적 사고思考는 근원根源, 근거根據가 아니라 원인原因을 찾는다. 원인은 창조신創造神 같은 '어떤 것으로부터 wherefrom'의 사유가 전제될 때 가능한 개념이다.

    그러나 안겔루스 실레지우스Angelus Silesius(1624-1677)는 다음과 같이 말한다.

> '장미는 무엇 때문에의 이유 없이 존재한다. 장미는 핀다. 왜냐하면 그것이 피기 때문이다.
> 장미는 자기 자신에도 신경 쓰지 않고, 사람들이 그를 보는지 안 보는지도 묻지 않는다.'

    이는 장미꽃이 피는 데는 '무엇 때문에'라는 이유는 없지만 '왜냐하면?'은 있다고 한 것이다.

    '이유'는 이유를 탐색探索하기 위해 자신 밖의 어떤 것과의 관계를 세워 거기에서 답을 찾고자하지만, '왜냐하면'에는 이유와 함께 그에 관하여 대답하고 또 지시하는 내용을 포함하고 있다. 즉 '왜냐하면' 속에는 존재함과 그 이유가 동거^{同居}하고 있다.

'왜냐하면'은 근거로서, 근거는 자기의 존재와 별개의 존재로부터가 아니라 자기 안에서 자기와 함께 있다. 이유는 자기 밖의 존재가 부정될 때 그 존재 자신도 부정되지만, 근거는 자기와 함께 있기 때문에 그렇게 부정될 수 없다.

따라서 괴테^{Goethe}(1749-1832)는 말한다.

'언제? 어떻게? 어디서?/ 신(神)들도 말없이 지내고 있네/ '왜냐하면'에 너 자신을 맡기지/ 무엇 때문에의 이유를 묻지 말기를.'

장미꽃이 핀다는 사실 자체가 그 꽃이 피는 이유다. 다시 말해 장미의 존재가 그 자체에 이유를 정초^{定礎}하고 자신의 본질을 현현시키고 있다.

존재이유^{存在理由}로서의 영원한 실체는 존재자에 대해 일방적이고 절대적인 우위^{優位}에서 삶을 지배한다. 그것은 인간의 삶을 기독교에서의 신^神의 창조의사^{創造意思}에 따른 예정설^{豫定說}이나 인도문화에서의 윤회설^{輪回說}에 따른 숙명론^{宿命論}에의 종속^{從屬}으로 이끈다.

1.2.2. '영원한 실체'에 대한 설명방식

화이트헤드^{Alfred North Whitehead}에 따르면 '영원한 실체'에 대한

설명 방식은 실체實體와 속성屬性(substance and quality)의 사유도식思惟圖式이다. °주2 즉 사물이란 여러 성질性質을 그 속성으로 하는 기체基體 내지 실체를 말한다. 성질의 어떤 것은 본질적인 것이며 그 밖의 성질은 부수적附隨的이며 가변적可變的이다.

실체와 속성의 사유도식은 주어主語와 술어述語의 언어형식에 의해 필연적으로 도출된다. 예를 들면 '나뭇잎은 녹색이다.'라고 했을 때 이는 '나뭇잎'이라는 실체가 '녹색'이라는 속성을 담지하고 있다는 것이다. 나뭇잎은 가을이 되어 갈색으로 변하더라도 나뭇잎임에는 변함이 없다. 그러므로 그 나뭇잎이 '영원한 실체'라는 것이다.

그러나 속성을 본질적인 것과 변하는 우연적 성질로 구분했을 때 그 구분은 지성知性(概念)에 의한 것이다. 사실 '실체와 속성의 사유'는 실재實在 그 자체에 대한 사유가 아니라, 실재에서 추상抽象된 실재의 속성 즉 개념槪念의 체계이다. °주3 그러므로 이러한 사유도식은 선험적 근원으로서의 존재에 대한 설명일 수 없다.

---

2   법성(法性)은 제법(諸法)의 본성(本性)으로 우주 만물의 근거(根據)이다.

3   초기 불교는 종교라 할 수 없다. 단지 계율과 인간적인 스승에 대한 경배심(敬拜心)에서 모인 승려집단일 뿐 어떤 기도행위나 종교적 열정, 초월적 존재에 대한 귀의(歸依)같은 것은 없었다. 부처(佛)는 그저 숭고한 인간일 뿐 그 이상의 존재가 아니었다. 그래서 그가 열반에 든 후에도 존재하는지 아닌지는 의문거리였다.
대승불교에서는 부처를 단순한 역사적 실존 인물로 간주하지 않았다.
부처는 모든 존재의 핵심(法身)이고, 또 거룩하고 신성한 형상(報身)을 갖추고 있으며, 중생을 미망(迷妄)으로부터 인도해주는 진리(法)를 전하기 위해 자유 자재하게 갖가지 형상(化身)을 나타내기도 한다. ('불교의 중심철학' 무르띠)

우리가 대상의 존재를 알아차리는 순간, 개념적 인식이 생기기 직전, 인식이 배제排除된 감각적 직관直觀에서는 대상이 하나의 전체로서 수용收容되어 있다. 그 이후以後에 수용된 대상이 지성知性(概念)에 의해 기체基體와 속성을 가진 것처럼 분할하여 현현하게 된다.

여기서 '인식이 생기기 직전, 인식이 배제된 … 하나의 전체'란 칸트가 말하는 물자체物自體로 그것은 인식의 대상이 아니다.

> '당신은 일찍이 사물이 존재하고 있다는 단순한 사실 그 자체에 마음을 빼앗긴 적이 있는가? 당신은 당신 자신에게 당신 앞에 한 인간이든 아니면 하나의 꽃이든 아니면 하나의 모래알이든 '그것이 거기에 존재한다(It is).'고 말해 본적이 있는가?
> 그것들이 어떤 방식으로 있는지 그리고 그것들이 어떤 형태를 갖는지에 대하여는 전혀 관심을 갖지 않은 채 말이다 … 당신이 그러한 경험을 해 본 적이 있었다면 당신은 당신의 정신을 경외와 경탄으로 사로잡는 어떤 신비의 현존(現存)을 느꼈을 것이다.

콜드리지Samuel Taylor Coleridge는 이 글에서 물자체 즉 사물의 본성에 대한 체험體驗을 말하고 있다.

화이트헤드Alfred North Whitehead는 단순하게 그 위치를 점유하는 단위單位 존재로서의 물질은 직접적 경험의 산물이 아니라 고도의 추상抽象의 산물이라고 간주한다. 원자原子는 원자핵과 전자로, 원자핵은 중성자와 양성자로 구성된다. 또 핵반응을 통해 더 작은 단위로 나뉜다. 따라서 원자는 임시적臨時的인 가명假名일 뿐이다.

그는 가장 궁극적 단위 존재인 현실적 존재를 '복잡하고도 상호의존적인 경험의 방울들'이라고 한다. '방울들'은 복합적 존재를 그리고 '상호의존적'은 고정된 존재가 아니라 과정過程, 흐름임을 암시한다.

고대 서양철학자 헤라클레이토스Heracleitos는 '모든 것은 흐른다.'고 하였고, 중국철학의 주역周易은 아예 '변화易'가 중심 테마이다.

대상對象을 개념화했을 때 그 개념은 대상을 나누어서, 분석한다는 것으로 분석은 사유思惟(推理)라는 칼을 갖고 시간 속에서 흘러가는 과정으로서의 존재를 잘라내어 이를 고정固定시켜 대상화하는 일반적 오류誤謬이다. 이를 베르그송Bergson은 '시간의 공간화'라고 한다.

지성知性은 흐르는 것을 외면外面하고 자신이 접촉하는 모든 것을 고체화(공간화)한다. 우리는 실재적 시간을 사유하지 않는다. 그러나 우리는 체험한다. 생명은 지성을 넘어서기 때문이다.(베르그송 '창조적 신화' 황수영 옮김)

화이트헤드는 '과학과 근대세계'에서 '실체와 속성'의 사유도식과 같은 분별적 사고에서 분리된 대상과 인식, 행위는 추상적으로 존재하는 고도의 허구虛構이다. °주4 그러나 이는 인간정신이 극히 자연스럽게 품기 쉬운 관념으로, 실재와 속성은 우리가 사물을 생각할 때의 사유형식인 동시에 그런 사고思考 형식 없이는 일상적 삶에 직접적으로 필요한 관념을 얻을 수 없다.

여기에는 불교의 모든 설법說法도 예외일 수 없다. 관념은 언어로 표현된다. 관념의 부정은 곧 언어의 부정이다. 해심밀경解深密經에서는 '무엇이 모든 법의 변계소집상遍計所執相인가? 모든 법法에 대해 가명假名(概念)으로 세운 자성自性과 차별差別은 (다른 사람들을)이해시키기 위한 언설言說이다(제4품 모든 부처님의 말씀)라 하여 일체의 언설을 변계소집으로 규정하고 있다. 그럼에도 불구하고 불교에는 수많은 경전經典이 있고 또 있어야만 한다.

1.3. 찰나설(刹那說) - 비실체론(非實體論), 공(空)

'영원한 실체'에서 실재의 유일한 기준은 상주성(常住性)과 지속성持續性이다. 그러나 불교에서는 '어떤 것이든 생성生成을 본질로 하는 것은 모두 소멸消滅을 본질로 한다.'律藏大品고 하여 이를 부정한다.

불교의 근본 관점은 상주성을 부정하는 데 있다. 붓다는 모든 고통과 욕망慾望은 그것들이 상주常住한다는 잘못된 견해 때문에 그에 집착하는 것에 기인起因한다고 보았다. 따라서 그것들이 무상無常하다는 것을 깨닫는 것이 그로부터 벗어나는 첩경捷徑이다.

불교는 찰나설을 근거로 하고 있는데 그것은 논리학에서 말하는 비실체적 사유 non substance ontology로 즉 공空이다. 찰나설은 사물들은 예외例外없이 찰나적 사상事象들의 연속連續일 뿐이라는 것이다.

영원한 실체는 존재이유存在理由이기에 현실세계 밖에 유리遊離되어 있지만 찰나적 존재, 찰나점은 존재근거存在根據로서 현실세계와 함께 한다. 즉 그 성격이 같다.

찰나적 존재, 찰나점이란 경험세계를 구성하는 요소要素(法)로 생성과 소멸이라는 본질을 지니고 있다. 생성과 소멸은 생성하기 때문에 소멸한다는 법法(諸法), 현실세계의 양면성兩面性이다.

찰나적 존재는 생성하자마자 소멸하는 존재이다. 이는 진공묘유眞空妙有의 경계로 불교에서의 공空이다. 공은 결코 무존재無存在를 의미하지 않는다.

궁극적 실재는 그 자체로는 시간과 공간을 가지지 않으며 운동도 가지지 않은 수학적 찰나점 *주 5이다. 시간상의

---

4   화엄경에서는 '허공(虛空)은 빛이 있는 곳이나 빛이 없는 곳이나 어디고 다 갑니다 … 허공은 형상(形相)이나 빛이 없기 때문입니다. 여래의 법신(法身)도 이와(허공) 같아서 일체의 장소, 일체의 법, 일체의 중생 어디에도 가지만 가는 곳이 없습니다 (여래성기품).'라고 한다. 이는 법신(法身)의 성품이 공(空)하다는 것으로 공(空-허공)과 법성(法性-法身)이 같다는 것이다.

5   기하학(幾何學)에서 점은 '위치(位置)하나 존재하지 않는다.'고 정의(定義)한다. 즉 비유비무(非有非無불)이다.

지속持續은 '서로를 뒤따르는 찰나점'들로, 공간상의 연장延長은 '동시적으로 일어나는 찰나점'들로 이루어져 있다. 그리고 모든 운동은 연속적으로 일어나는 이러한 찰나점들로 이루어져 있다.

궁극적 실재는 찰나적이고, 찰나점이란 행동의 유효성有效性의 순간이다. 이러한 유효성, 운동은 현실세계에서의 변화의 동력動力이다. 씨가 매순간마다 변하지 않는다면 그것의 본질은 영속적이고 결코 변하지 않는 것이 될 것이기 때문에 싹이 될 수 없다. 그 싹이 현실이고 경험적이다.

세계는 어떤 안정성도 없고, 존재란 바로 변화 과정의 흐름일 뿐이다. 이를 산티라크시타Santiraksita(寂護)는 '실재의 본질은 운동이다.' '실로 실재란 운동이며, 세계는 하나의 영화影化이다.'라 하였다.

1.3.1. 자기동일성(自己同一性)과 자기차이성(自己差異性)

'영원한 실체'라는 존재가 지속持續하기 위해서는 자신 속에 자기동일성自己同一性(self identity)을 최소한 한 찰나 이상 유지維持해야 한다. 그러나 자기동일성의 유지 즉 지속持續은 자기반복自己反復으로 정지停止상태이기 때문에 감각 그 자체에 의해 보증될 수 없고 다만 상상想像의 구성構成이다.

이에 비해 비실재론非實在論인 찰나설은 존재가 생성하자마자 소멸한다는 것으로 이는 자신 속에 끊임없이 자기를 소멸하는 자기차이성自己差異性(self difference)이 내재內在하기 때문에 그러한 연속은 운동이고 변화이다.

영원한 실체가 갖는 자기 동일성의 지속은 반복反復이라서 현상세계로서는 허구虛構이지만, -흐르는 물은 되돌아오지 않는다.- 그러나 찰나설의 자기차이성의 연속은 새로운 것의 등장이기에 현실세계에서도 실제이다. 나는 항상 새로운 숨을 쉰다.

불교에서 진여(법성)는 고정된 실체가 아니라 흐름, 운동이다. 그리고 법성은 존재자의 근거이다. 근거는 자기의 존재와 별개의 존재로부터가 아니라 자기 안에, 자기와 함께 있기 때문에 법성과 현상간에는 다름이 없다. 반야경般若經에서는 색즉시공色卽是空이고, 화엄사상華嚴思想에서는 성상동체性相同體이다.

1.3.2. 공(空)과 자기차이성

불교에서의 공空은 현상現象 너머에 궁극적 실재가 있다는 것을 부정하는 것이 아니라, 그 실재의 본질이 찰나적이고 자기차이성이라는 것이다. 자기차이성 즉 자기와 자기가 차이난다는 것은 자기의 부정否定이다. 결과적으로 실재는 '있는 것'을 본성으로 하는 것이 아니라 '없는 것' 혹은 '소멸'을 본성으로 한다

여기서 본성이란 현상이 존재하는 근거이다. 그러나 소멸 즉 '없는 것-무無'가 '있는 것-유有'의 근거일 수는 없다. 따라서 하이데거는 이를 근거는 근거이되 탈근거脫根據라고

하였다. 그리고 이것이 불교에서의 공空의 의미이다.

하지만 비실재론非實在論이 말하는 '비실재의 실체성'으로는 현상세계 자체의 생성生成과 그에 대한 우리의 인식적 경험을 설명할 수 없다. 그것이 불교의 공空사상이 연기론을 제시한 근거이다. 연기론에 의해 현상세계에 대한 설립이 설명가능하다.

2절. 대승불교에서의 공(空)의 이해

대승불교에서의 공空(空性)은 여래의 자성自性으로 사물의 본성을 의미한다. 공성은 보편적이고 절대적인 실재로 그것은 포착되지도, 말로 표현될 수도 없는 완전한 고요이고 모든 것을 벗어난 것이다.

반야경般若經에서는 완전한 고요이고, 모든 것을 벗어난 공空을 '비어 있음'이라는 의미로 해석한다. 그러나 '비어 있음'의 공은 아무런 능력도 가지지 않은 단멸공斷滅空이 아니라 공능空能을 가지고 있다.

'중론'에서는 공空의 이치가 있기 때문에 모든 존재가 성립할 수 있다. 만일 공空의 이치가 없다면 어떤 존재도 성립하지 않는다. 以有空義故 一切法得成 若無空義者 一切則不成(중론 24. 14)라고 하여 공성이기 때문에 일체가 성립가능하다고 한다.

티베트의 불교학자 캘찹은 '거친 공空 해석은 공을 신비주의와 회의주의로 해석하여 각각 실재하거나 단멸로 이해하는 것이며, 미세微細한 공 해석, 즉 중관학파의 공空은 현상세계가 자상自相(의타기성)에 이해 성립하였기에 공空이다.'라고 한다.

2.1. 반야심경(般若心經)에서의 공(空)

반야심경의 첫 구절인 '깊은 반야바라밀에 이르러 공성을 깨달아 일체의 고액으로부터 벗어났다行沈般若波羅密多時 照見五蘊皆空 渡一切苦厄.'는 반야바라밀에 의해 공성에 대한 깨달음에 이르렀다는 것을 말한 것이다.

대승불교는 육바라밀六波羅密 (보시普施, 지계持戒, 인욕忍辱, 정진精進, 선정禪定, 반야般若)이라는 수행과정을 중重히 여기고 이에 의해 공성(법성)에 대한 깨달음에 이를 수 있다는 믿음이 있다. °주6 육바라밀은 대승불교 최대의 덕목德目이다.

수행의 완성 단계인 반야바라밀다(지혜의 완성)는 지적知的인 직관直觀으로 공성空性에 대한 깨달음이다. 사실 공성

---

6   수행의 개념이 없는 서양철학에서는 대체로 이런 깨달음 즉 본성을 알 수 있다는 것을 부정한다. 칸트는 물자체는 모른다고 하였다.
    라이프니츠는 사유(思惟)에 의한 규정들은 단순한 주관이 아닌 대상의 본질의 객관적 규정일 수 있다는 전제(前提)에 따라 사물의 본질이 사유됨으로써 즉자적(卽自的)으로 인식될 수 있다고 한다.
    그러나 칸트는 라이프니츠와 달리 사유규정(思惟規定)들이 대상 자체의 본질규정일 수 없다고 한다. 왜냐하면 사유규정은 시간과 공간 그리고 인과성(因果性)이라는 인식형식(認識形式)의 속박(束縛)을 받기 때문이다. 그러한 인식형식에 따른 사유로는 대상 자체의 본질(物自體)이 아니라 현상 밖에는 포착(捕捉)할 수 없다. 따라서 그는 물자체는 모른다고 한다.

(법성)은 인간의 마음 가운데 일어나는 형식 외에는 그 존재의 확실성을 구할 수 없다.

반야심경에서는 반야바라밀의 중요성을 그 뒷부분에서 다시 강조한다. 즉 보살은 반야바라밀에 의해 깨달음을 얻었기에, 마음에 거침이 없고, 거침이 없으므로 두려움이 없어 뒤바뀐 세간에 대한 꿈같은 생각에서 벗어나 최고의 경지인 열반에 들었다菩堤薩陀 依般若波羅密多 故心無佳碍 無佳碍故 無有恐怖 遠離顚倒夢想 究竟涅槃.

깨달음 즉 공空을 증득證得한 경지에서는 제법諸法은 그 형체를 잃는다.

부처님이 한없이 깊은 지혜로 공空 증득證得하신다고 하였을 때 이 지혜는 삼매무분별지三昧無分別智로 그것은 '보시지(분별, 인식) 않는 방식으로 보신다.'는 것을 의미한다. 이는 불지佛地(십지론(十地論) 중에서 부처님의 경지)에서는 심心과 심소心所의 작용이 전혀 없기 때문이다.

옛 선시禪詩에 '작년의 가난은 가난도 아니었네, 작년에는 송곳 하나 꽂을 땅도 없는데, 올해는 송곳마저 없네.'에서 송곳은 심이고 땅은 심소로 이 둘이 모두 없는 경지를 말한 것이다.

"섭송攝頌"에서

> 형색(形色) 등을 보지 않고, 감수(感受) 등도 보지 않고
> 행(行)을 보지 않고, 생각하는 것(心思)을 보지 않고

심(心)·의(意)·식(識)을 보지 않는 것이
법을 보는 것이라고 여래께서 설하셨다.

    이 송頌 전체의 의미는 성인聖人(깨달은 분)은 오온五蘊(형색, 감수 등)을 보지 않고, 바로 법法을 본다는 것이다. 여기서 오온五蘊을 보지 않는다는 것은 범부의 전도顚倒된 인식으로 보는 것을 부정한 것이고, 법을 본다고 했을 때 그 법이란 올바른 법리法理(불법의 진리)이다.
    그러한 경지에서는 본성本性(法性)과 현상現象(諸法, 相) 즉 성상性相간의 구별이 없다.
    따라서 색이 공과 다르지 않고 공과 색이 다르지 않으며, 색이 곧 공이고 공이 곧 색이다. 감각, 생각, 행동, 의식도 그러하다.色不異空 空不異色 色卽是空 空卽是色 受想行識亦不如是
    공空은 제법五蘊(색수상행식)의 본성으로 현상은 본성의 자기실현이기 때문에 이 둘은 다르지 않다. 하이데거 철학으로 표현하자면 존재자는 존재의 자기실현이고, 화엄사상으로는 십현문의 탁사현법託事顯法이다.
    용수는 '만일 법의 상태에 대해 아는 자者들이 '선善한 법들에는 선善한 자성이 있다.'고 말한다면 이는 법(제법, 현상)과 자성自性을 나누어서 설명하는 것이리라.'(회쟁론 52 게송) 이는 본성과 현상을 분리된 것으로 본 것이기 때문에 옳지 않다.
    법성은 실재實在하는 '그 어떤 것'이 아니다. 현상 역시 그러하다. 현상現象(현실세계)은 의타기성依他起性이기에 환상幻想같이 존재想像할 뿐 그 실재實在는 포착할 수 없다. °주7

그러나 이는 사물의 경험적 타당성을 부정하는 것이 아니라 단지 그것들의 궁극적 존재의 실재성(영원한 실체-神)을 부정否定하는 것이다.

중관학파에서는 이제설二諦說 즉 승의제勝義諦와 세속제世俗諦라는 두 가지의 진리를 인정하는 논리로서 이 문제를 해결한다. 즉 세속제로는 사물의 경험적 타당성을, 승의제로서는 궁극적 실재성을 부정한다.

이에 대해 청변淸辨은 '눈 등의 유위有爲는 세속제世俗諦에 포함된다. 심지어 소치는 사람까지도 모두 다 눈 등의 유위를 실유實有로서 알기에, 이와 같이 자종自宗이 허락하는 현량現量(感官知)이나 공지共知에 위배되지 않는 것이다. 그러므로 진성眞性으로서 간별看別하여 주장宗을 세운다. 진실한 뜻 자체를 '진성眞性이라 이름 하니 곧 승의제勝義諦를 말한다. 승의제에서 '유위는 공空하다.'는 주장을 세우지만 세속제에서는 아니다.' - 대승장진론大乘掌診論

다음에 반야심경은 공空 자신의 모습에 대해서 그것은 생멸도 없고不生不滅 더럽지도 깨끗하지도 않고不垢不淨 늘지도 줄지도 않는不增不減다고 한다.

공상空相은 적정寂靜의 상태로 거기에 무슨 생멸, 더러움과 깨끗함, 늘고 줄음이라는 분별이 있겠는가? 적정寂靜은 선악善惡, 미추美醜 등 일체의 분별分別을 벗어난 완전한 고요의 경지이다. 따라서 반야경에서는 공空을 '비어 있음'으로 이해한다.

그러므로 공空(無分別智) 가운데는 실체가 없고, 감각, 생각, 행동, 의식도 없으며五蘊, 눈, 귀, 코, 혀, 의식도 없으며 六根, 색깔, 소리, 향기, 맛 감촉, 법도 없으며六境, 눈의 경계 내지 의식의 경계도 없다十八界. 무명도 무명이 다함도 없으며 늙고 죽음도 늙고 죽음이 다함도 없다十二緣起. 고집멸도四聖諦도 없으며 지혜도 얻음도 없느니라.

여기서는 현상세계(五蘊, 六根, 六境, 十八界)뿐 아니라 12연기緣起 더 나아가 부처님의 초전법륜인 사성제四聖諦까지도 부정한다. *주8 공은 언어로 규정될 수 없는, 언어를 초월한 것이기에 일체의 설법說法도 부정된다.

반야심경에서는 이처럼 공空의 관점에서 철저하게 관념으로 구성된 현상세계를 부정하고 있다. 사실 그것이 집착으로부터 벗어나는 첩경捷徑이고 해탈에의 길이기도 하다.

2.2. 공(空)에 대한 중론(中論)의 이해

대승불교의 주요한 학파인 중관파는 반야경의 공空을 요의

---

7 실재는 찰나적 존재로서 흐름일 뿐 한 순간도 머물지 않는다.

8 부처님이 이언법성(離言法性)을 깨달아 무상정등각을 이루신 후에, 중생을 올바로 인도하여 깨달음을 얻게 하려고 하신 법성에 대한 가르침은 모두 언어라는 방식으로 설명된 가언자성(假言自性)으로 이는 법성을 언어적 분별, 개념으로 구성해 낸 것이다. 따라서 부처님의 설법도 말로 전해지면 그것도 변계소집상(徧計所執相)이다.

了義로 받아들였기에, 반야경에서의 공空에 대한 이해, 해석이 대승불교의 공사상空思想이라 해도 무방하다. 사실 중관파의 가장 주요한 저서인 중론中論은 반야심경般若心經을 근거로 하고 있다.

용수의 중론中論은 반야심경에서 현상세계를 부정否定한 것, 그것에 대한 논리적 접근으로 중론의 첫 품品은 (제법諸法은) '생겨나지도 않고 소멸되지도 않으며不生亦不滅…' 등등 팔불八不로 시작되는데 이는 반야심경의 공空(不生不滅 不垢不淨 不增不減)의 관점에서 본 현실세계의 실상實相이다.

그러나 중론에서의 현상 부정은 상대부정相對否定임을 잊어서는 안 된다. 오히려 거기에는 강한 현실 긍정의 의미意味가 담겨있다. 중관학파에서는 '승의勝義의 정리定理에 의해 부정되지 않는 한 매혹적인 세속世俗'이라는 말로 세속만의 고유한 정당성을 주장하고 있다.

회쟁론廻諍論에서는 이러한 중론의 의미에 대해 논리적으로 보충補充 설명을 하고 있다.

중론中論의 논적論敵은 '실로 모든 사물은 공空하다고 말하는 경우, 현량現量(직접지각)으로 우선 사물을 지각知覺한 다음에 사물들의 실재성을 파기破棄하는 것일 텐데, 그런 경우 사물들을 지각하는 도구眼耳鼻舌身意인 현량 역시 존재할 수가 없다.'(회쟁론 제 5게송)고 한다.

이러한 반대 의견에 대해 용수龍樹는 '만일 현량 등의 존재들에 의해 무엇인가를 지각知覺한다면 (그것은 그런 사물을)긍정하거나 파기하는 것이리라'(회쟁론 30게송) 즉 현량現量은 긍정과 부정 둘 중의 하나만을 인정한다.

또 만일 갖가지 사물들諸法이 인식 방법에 토대土臺를 두고 성립한다면(사물을 지각하는 도구가 '사물은 공空하다'는 인식에 의해 부정된다면) 그대의 경우 그런 인식 방법들은 다시 어떻게 성립하는지 말하라(회쟁론 31게송)고 한다.

만일 인식 방법들에 의해 인식 대상들이 성립하는 것이라면 그런 인식 방법들은 다시 다른 인식 방법들에 의해 확정되어야 할 것이고 이는 곧 무한소급에 빠진다.

또한 '인식 방법은 모든 것을 인식한다.'는 주장을 하는 경우에 그런 인식 방법 역시 모든 것에 포함되기에 그것을 인식하는 제2, 제3의 인식 방법이 필요하기 때문에 무한한 인식 방법이 필요하게 된다.

또 이와는 반대로 '만일 인식 대상들에 의존하여 인식 방법들이 성립한다면, 이런 경우에 인식 대상들은 인식 방법들에 의존하여 성립하는 것이 아니다. 왜냐하면 성립되는 것所證이 성립시키는 것能證을 성립시키지 않기 때문이다.(43게송)

이러한 논쟁은 근본적으로는 공空이 인식 대상이 아니라는 것을 전제前提로 인식의 한계성을 논論한 것이다.

또한 인식론적認識論的으로는 이 논쟁은 인식 방법(인식 능력=能)과 인식 대상(=所) 즉 능량能量과 소량所量의 선후관계先后關係에 대한 문제로 이 둘은 선후先後가 없다. 예를 들면 견분見分과 상분相分간의 관계는 선후가 아니라 상관적이다.

'중론中論'은 공성空性에 대한 논리적 구축물이다. 공空은 유有(있음)의 부정으로만 논증論證할 수 있다. 그렇기 때문에 아비달마(부파)불교에서 일체 존재자 즉 삶의 여러 분야에 대해 분석적으로 규정한 개념들, 더 나아가 개념화된 부처님의 가르침을 하나하나 부정해 나간다. 그리고 그 부정은 공성을 논증하기 위한 것이다.

그러나 공無分別智의 관점에서 이해된 제법諸法(현상세계)을 논리 즉 분별지로 가려낸다는 것은 이미 그 출발점에서부터 논리적 오류誤謬를 범할 가능성을 충분히 내포하고 있다. 따라서 그는 사구부정四句否定 등等의 승의勝義의 정리定理와 메타Meta언어로서 그 오류를 피해간다.

3절. 공성(空性)에 대한 화엄사상(華嚴思想-大般涅槃經과 華嚴經)의 이해.

3.1. 화엄경(華嚴經)과 화엄사상(華嚴思想)

화엄사상은 화엄경 신앙信仰의 토대土를 위에 설립한 철학적 사상으로, 화엄경이 하부구조下部構造라면 화엄사상은 상부구조上部構造라 할 수 있다.

화엄경은 존재와 존재자를 구별하는 형이상학이다. 화엄경의 '부처님의 일모공一毛孔에는 일체의 세계가 들어 있으며, 일체의 세계를 보는 것은 부처님의 일모공을 아는 것이다.' 라는 불가사의^{不可思議}한 문구^{文句}에서 '부처님의 한 털구멍'은 하이데거 형이상학에서의 '존재'이고, 일체의 세계는 '존재자' 즉 다수^{多數}이고 변화하는 기만적^{欺瞞的}인 현상세계이다.

화엄경이 성립한 것은 A.D 350-400년 경으로 여러 가지 단행본^{單行本}이 모여져, 여러 차례 수정 증보된 것으로 십지품^{十地品 *주 9}을 위시^{爲始}하여 여래성기품^{如來性起品}과 입법계품^{立法界品}을 그 주요 내용으로 하고 있다.

화엄종은 두순^{杜順}(557-640)으로부터 시작하여 지엄^{智儼}(602-668)을 거쳐 법장^{法藏}(643-712)에 이르러 대성 하였고 징관^{澄觀}(737-838), 종밀^{宗密}(780-841)을 마지막으로 하는 오조^{五祖}에 그쳐 비교적 단명^{短命}하였다. 이러한 오조설^{五祖說}과는 달리 두순에 앞서 인도의 마명(Asvaghosa)과 용수^{龍樹}(Nagarjuna)를 둔 7조설도 있다. 이는 화엄종의 근거가 인도불교에 두고 있음을 강조하려는 뜻이 있다.

화엄사상은 화엄경의 편찬 과정을 통하여 함유^{含有}되어진 사상과 화엄경 자체의 해석을 근거로 하여 설립된 화엄

---

9 보살의 수행단계 또는 도달한 경지를 단계적으로 설명한 것으로 이에는 초발심(初發心)에 의해 보살의 자리에 들어 출세간심(出世間心)을 얻어 더 할 수 없는 환희를 느끼는 1. 환희지(歡喜地)로부터 2. 이구지(離垢地) 3. 발광지(發光地) 4. 염혜지(焰慧地) 5. 난승지(難勝地) 6. 현전지(現前地) 7. 원행지(遠行地) 8. 부동지(不動地) 9. 선혜지(善慧地) 10. 법운지(法雲地)로 이는 법신(法身)이 원만하기가 큰 구름과 같아 모든 집착과 장애를 덮을(없앨) 수 있어 무애(無碍)에 이른 부처의 지위이다.

종華嚴宗의 교학敎學사상을 말한다. 지엄智儼의 수현기搜玄記는 화엄사상의 출발이고 법장法藏은 화엄사상을 대성시켰다.

3.2. 화엄경에서의 공성

2시법륜인 반야경에서의 공空이 3시법륜에 속하는 화엄경 계통의 경전에서는 불성佛性(여래의 자성自性 또는 법성法性 - 法身의 自性)으로 나타난다.

화엄경 계통의 경전에서는 공空 즉 '비어-있음'으로서의 의미는 뒤로 물러나고, 법성法性(自然性) 즉 사물의 근거로서 사물들을 구상화具象化 시키는 것에 초점이 맞춰 있다.

다시 말해 하이데거 형이상학에서 존재存在의 감추어진 상태Schlier des Seins로서의 공空이 존재의 빛Liechtung des Seins인 법성이라는 구체성을 가진 존재로 표현된다.

화엄경에서는 법성을 '불佛의 법신은 불가사의하다. 빛도 모습도 없는 것으로 어떤 것으로도 비유할 수 없다. 그러나 중생을 위해 모든 형상形象이 나타나며 중생심에 응하여 나타난다.如來法身不思議 無色無相無倫 匹 示現色身爲衆生'라 하고 있다. 즉 법성 자체는 공空하지만 제법諸法(현상세계)이 나타나게 하는 근거이다.

불성론佛性論에서는 불성佛性을 '아공법공我空法空의 2공으로 특정特徵지워지는 궁극적인 진여眞如로, 염오染汚(世俗)로부터 자유로운 상태이다.'라고 한다. 그리고 불성의 성격을 다음과 같이 정의한다.

1. 본래 존재하는 불가사의한 대상(本有不可思議境界)
2. 무량한 공덕을 가진 온전하고 궁극적인 것(得已能令無量功德圓滿究竟)
3. 수행으로 얻어지는 대상(依道理修行可得)

여기서 '수행으로 얻어지는 대상'이란 직관적 지혜인 반야바라밀이 갖는 의미와 같다. 법성은 마음 가운데서 일어나 그 자각自覺을 통해서 스스로를 깨달아 들어가는 것 외에는 그 존재를 찾을 수 없다.

3.2.1. 지엄(智儼)은 법성의 성격에 대해

'진여眞如 자체로서의 체體(법성)는 융합하지 않음이 없고, 행위行爲(功德)는 존재하지 않음이 없다(미치지 않는 곳이 없다). 선과 후는 구별이 없고, 취지는 일미一味에 존재한다. 그러므로 과果이면서 인因과 다른 과가 아니고, 인이면서 과와 다른 인이 아니다體無不融 行無不在 先後莫二 旨在一味 故果無異因之果 因無異果之因. 즉 법성은 진여 그 자체로 인因과 과果, 은隱과 현現 등의 분별을 떠나 있다.

화엄경의 중심에 있는 십지품十地品에서는 수행修行의 목적을 '그것은 모든 보살에게 불가사의不可思議한 모든 불법의 광명을 펴기 위한 것이니, 이른바 지혜의 자리에 들게 하려는 것이며 … 출세간의 선근善根을 청정하게 하려는 것이며, 불가사의한 지혜의 힘을 얻게 하려는 것이다.'라고 한다.

중관학파에서는 지혜 자체를 불가사의하다고 보지 않는다. 오히려 그 지혜(반야바라밀)는 지止(Samatha)와 관觀(Vipasyana) 즉 수행을 거쳐 증득되는 직관적 지혜로 자증적自證的이고 명증明澄한 것이다. 지혜를 불가사의不可思議하다고 하는 화엄경은 반야경으로부터 독립, 일탈逸脫이라고 할 수 있다.

또한 십지품에는 육바라밀을 포함한 수행 단계를 십지十地로 나누고 있으나 일체 중생이 불성을 갖고 있다一切衆生有佛性는 관점에서, 화엄경을 수지修持한 초발심자의 초지初地와 부처님의 경지인 십지를 거의 동일하게 본다. 이는 '초발심初發心을 발한 보살이야말로 실은 부처님인 것입니다(화엄경 초발심 공덕품).'라는 표현으로 드러난다.

또한 '초발심을 발한 때에 문득 정각을 이룬다.初發心時便成正覺 - 華嚴經'로 하여 수행의 단계를 구별한 십지품十地品을 무의미無意味케 한다. *주 10

화엄경 '여래성기품如來性起品에서는 불자佛者여, 보살은 무량 억겁 동안 육바라밀을 실천하고 도품道稟의 선근善根을 수습했다 해도 이 화엄경을 듣지 못하고, 들어도 받들어 믿고 지녀 수습하지 않으면 이들은 아직 가명假名 보살이라고 이름 한다. 여래如來의 종성宗姓에서 태어난 것이 아니다.'라고 한다.

10 돈교(頓敎)는 수행의 단계를 세우지 않고 '한 생각 일어나지 않음이 곧 부처'라는 것을 깨닫는 가르침이다 (백일법문, 성철)

즉 화엄경을 수지修持한 초발심자는 초지初地에서도 '여래如來의 집에 태어나'지만, '무량 억겁동안 육바라밀을 실천'해도 '여래如來의 종성宗姓에서 태어난 것이 아니다.'

이는 대승불교 최대의 덕목德目인 육바라밀을 격하格下시킬 뿐 아니라, 이미 지성知性을 깨달음의 문門으로 믿는 대승불교에서 벗어나려는, 오히려 신앙信仰에 가깝다.

화엄사상은 이렇게 불가사의不可思議하고 오묘한 법성의 동향動向을 성기性起, 법계연기法界緣起, 십현문十玄門 등의 개념을 통해 해명하려는 종교철학적 사상이다.

3.3. 화엄사상(華嚴思想)

3.3.1. 일즉일체(一卽一切)

화엄사상의 중핵中核은 일즉일체一卽一切 즉 '하나가 모두이다.'라는 것이다.

법장法藏은 공空(性)과 색色(相)을 융섭融攝하는 성상융회적性相融會的인 화엄사상을 확립하였는데, 이는 사물의 본성인 성性과 그것들이 드러난 모습인 상相은 나눌 수 없는 관계 즉 일一(性)과 일체一切(相)가 같다는 것이다.

화엄사상의 일즉일체는 반야심경의 공불이색空不異色 공즉시색空卽是色과 다르지 않다. 그러나 반야경의 공불이색은 공과 색이 다름을 전제하고 나서 성립하는 논리다. 즉 공은 공으로서의 성격을 갖고 색은 색으로서의 내용을 갖지만 궁극에서는 그 둘이 다르지 않다는 것이다.

중론의 이제론二諦論은 그 점을 분명히 하고 있다. 하이데거 형이상학에서도 존재와 존재자의 구별區別을 전제前提로 한다. 성상융회性相融會는 이 구별을 허무는 것이다.

반야경의 공불이색空不異色이 성상별체론性相別體論이라면 법장의 성상융회에 따른 일즉일체는 성상동체론性相同體論이라 할 수 있다

그는 유식학唯識學의 삼성설三性說을 수정한 삼성동이의三性同異義 °주 11를 세웠는데 거기에서 다시 공유불이空有不二를 논하였다. 공은 성性, 유는 상相으로 공유는 성상의 다른 표현이다.

법장은 '만약 공空에 머문다면 유有의 의미를 잃게 된다. 그것은 혜慧가 아니다. 만약 유에 머문다면 곧 공의 의미를 잃게 된다. 그것은 지智가 아니다. 지금 공은 유와 다르지 않고 유는 반드시 공을 품고 있다. 이것이 지혜이다若住於空 即失有義 非慧也 若住於有 即失空義 非智也 今空不異有 有必全空 是爲智慧也.'라고 말했다. 그는 이어 색은 공에 의거해서 서 있고, 공은 색에 의지해서 나타난다色依空立 空約色明고 한다.

화엄사상에서 법성法性은 법계法界라는 정적靜的인 면과 성기性起(法界緣起)라는 동적動的인 양면을 아우르고 있다. 법계法界는 제법諸法(現象)의 개별적이고 차별적인 측면을, 성기(법계연기)는 포괄적이고 전체적인 측에서 본 법성의 모습이다.

3.3.2. 성기(性起)

화엄종에서 불성^{佛性}(法性) 자체는 비로자나불이고, 교리적^{敎理的}으로는 본유^{本有}로서의 성기^{性起}이다. 성기는 '여래의 성품^{佛性}이 일어나는 바른 법'으로 법성의 동사형^{動詞形}이다. 성기는 법성(자연성)이 명사적^{名詞的}인 실체로서 고착^{固着}되어 이해되어서는 안 된다는 의미를 담고 있다.

법성은 형이상적^{形而上的} 존재로서 그것은 어떤 실체가 있는 것이 아니라 그 자체의 작용^{作用}에 다름 아니다. 근본적으로 존재나 존재자는 항상 움직이고^{變化} 있기 때문에 명사형이 아니다. 성기^{性起}는 동사형으로 법성의 성격을 분명하게 드러낸 표현이다.

이러한 성기에는 체^體인 성이 엄연히 존재한다는 존재론적인 면과 중생의 마음 가운데서 성^性 그 자체가 일어나 그 자각을 통해서 성으로 완전히 깨달아 들어가는 인식론적인 면이 있다.

이에 대해 법장은 '참다운 체^體인 성^性은 성^性의 기^起라고 하는 상^相(법성이 연기에 의해 드러난 존재자(現象, 諸法))을 계기로 하여 그 자체에 깨달아 들어가는 것이 가능하다.

---

11 삼성은 진여원성(眞如圓成), 의타기성(依他起成) 그리고 소집성(所執性) 셋이다. 진여원성에는 불변(不變)과 수연(隨緣-緣에 따름), 의타기성에는 무성(無性-自家性이 없음)과 사유(似有-假名으로 존재함) 그리고 소집성에는 이무(理無-事理分別이 없음)와 정유(情有-妄情이 있음)가 있다. 불변과 수연이 다르고 무성과 사유, 이무와 정유가 서로 다르다. 이(異)이다.
그러나 불변, 무성, 이무는 같은 범주 즉 법성의 성격으로 서로 어긋나지 않고 또한 수연, 사유와 정유는 현상세계의 특징(相)으로 역시 동일한 범주로 동(同)이다.

*주12 사실 체體-성性는 중생의 마음 가운데 일어나는 것이라는 형식 외에는 구할 수 없다.'고 한다.

이는 법성을 수행으로 얻어지는 대상依道理修行可得이라고 하는 관점을 표현한 것이다. 화엄경의 여래성기품은 불佛의 현현顯現을 그리고 십지품十地品은 보살의 수행 단계인 십지十地를 대상으로 하고 있다. 이처럼 불성과 수행이 서로 나뉘어져 있지만 이는 수행에 의해 불성의 드러남 즉 불성과 수행의 불일이불이不一而不二라는 하나의 뜻을 말하고 있다. 이때 수행은 인因이고 법성은 과果이다.

지엄 역시 수현기搜玄記에서 성기性起에 대해 '성性은 체體 즉 진여 그 자체이다. 기起는 심지心地에 현재할 뿐이다.'라고 하였다. 이는 또한 즉 성性과 심心은 하나라는 일즉일체一卽一體를 설한 것이기도 하다. 그리고 이때 심心(마음)은 실체가 없이 공空하다.

3.3.3. 법계(法界)

화엄사상에서의 특징적인 개념은 법계法界이다. 화엄사상에서는 이 법계라는 개념으로 존재자 전체를 진리의 관점에서 해석한다. 법계라는 개념은 법성이 현상계를 흡수한 성상동체론性相同體論을 근거로 하고 있다. *주13

법계의 바탕은 모든 중생衆生들이 살아가고 있는 현실세계 그 자체이다.

그러나 현실세계가 법계와 다를 바 없다하여 중생이 보

고 인식하는 세계가 곧 법계는 아니다. 이 법계는 깨달음에 의해 비로소 현현顯現되는 세계이다. 그러나 그것은 세간의 중생衆生에게는 보이지 않는 진실이지만 세간의 법밖에 있는 것도 아니다.

법계에는 크게 나누면 두 가지가 있다. 첫째는 사事(諸法, 존재자)법계, 둘째는 이理(法性, 존재)법계 즉 진실법계이다. 그리고 이理와 사事가 어울려 연관 맺으며 사종四種의 법계를 이루고 있다. 화엄사상에서는 공空과 색色(有)의 문제를 이理와 사事의 관계로 대체하였다.

이에 대해 성철스님은 백일법문百日法問에서 '화엄경에서는 진공묘유眞空妙有로 그 전체를 설명하는데 진공의 측면을 이법계理法界라 하고 묘유의 측면을 사법계事法界라 한다. 시방十方법계 즉 우주 전체 그대로가 법성의 대용大用이다.'라고 하였다. 여기서 대용은 '쓰임' 즉 법성의 자기 발현이라는 의미이다.

12 '상(相)을 계기로 하여 그 자체에 깨달아 들어가는 것이 가능하다.'는 하이데거가 우리가 존재와 존재자를 이해, 파악(把握)하는 시간적 순서에서 보면 존재자는 존재에 앞선다. 따라서 우리가 존재에 대해 말할 때 존재자를 통하여 설명하는 수밖에는 없다고 한 의미와 상통한다.

13 법계를 그 보는 관점에 따라 진공절상관(眞空絶相觀), 이사무애관(理事无涯觀) 그리고 사사무애관(事事无涯觀) 셋으로 나눈다.('백일법문' 성철)
진공절상관에서의 법계는 모든 것이 공(空)해서(진공) 일체 생각과 상(相)이 다 끊어졌다(절상). 이는 화엄경에서의 법성이 허공(虛空)과 같다는 의미로 이때 법계는 법성의 청정(淸淨)한 면이다. 그러나 이사무애관이나 사사무애관에 따른 법계는 이와는 다르다. 이사(理事)는 성상(性相)과 같은 의미로, 여기서 법계는 허공한 상태가 아니라 현상계를 흡수, 포함한 의미이다.

법계는 진실이 나타난 영역領域임과 동시에 법계연기法界緣起의 영역이다. 법계法界라는 개념은 '성법출생聖法出生의 인因'이라고도 해석되는데 여기서 '성법출생'은 부처님 교설敎說의 근원이 되는 깨달은 바의 법 즉 심오한 연기緣起를 가리키는 것으로 법계는 법계연기法界緣起의 인因이라는 것이다.

3.3.4. 사법계설(四法界說)

화엄사상에서는 징관澄觀의 '법계라고 하는 것은 오직 일진법계一眞法界로서 만유萬有를 모두 거두는 것이며, 이것은 곧 일심一心이다. 마음은 만유를 융섭融攝하고 사종四種법계를 이루고 있다.'라고 하는 사법계설이 유력하다.

> 1. 사법계(事法界): 현실세계에 존재하는 일체(一切) 제법(諸法)의 영역
> 2. 이법계(理法界): 현상을 이루게 하는 진리(法性)의 영역
> 3. 이사무애법계(理事無碍法界): 연기하는 제법은 현상적 입장(有)에서 보면 사법계(事法界)이고 공(空)이라고 하는 본래의 입장에서 보면 이법계(理法界)이지만 이 두 법계가 상즉원융(相卽圓融)의 관계라는 것이다. *주 14
> 4. 사사무애법계(事事無碍法界): 이는 깨달음의 경지에서 보는 현상세계로, 삼라만상(森羅萬象)은 제각기 개체(個體)로서 독립하여 있으면서도 서로 의존하고 있어 융통함에 있어 거칠 것이 없는 하나의 화엄세계라는 것

이다. 달리 보면 그 각기(各其)의 개체는 그 각기가 하나의 극점(極點)이기도 하다.

사법계事法界가 현실단계(존재자)라면 이법계理法界는 공空으로 표현되는 근원의 세계(존재)이다. 이사무애법계理事無碍法界는 근원적 진리와 현실이 무애無碍한 관계에 있다는 것으로 이는 철학적으로 사유의 극치極致에 이른 것이다. 이에 비해 사사무애법계事事無碍法界는 이사무애를 거친 종교적 직관直觀 위에 전개되는 세계이다.

이사무애법계가 하나의 통일된 극점(理, 法性)으로부터 전개하는 세계라고 하면 사사무애법계에서는 일체(事, 諸法)가 개개箇箇의 극점이 되는 세계이다. 이때 오히려 자기自己는 그 무한이 존재하는 극점 가운데 하나의 극점에 불과한 상태가 되어버린다.

이사무애가 형상과 근원적 진리가 원융하고 무애한 단계라고 한다면 사사무애는 이사무애의 경지境地를 거친 후에 모든 존재자들이 즐거운 연기관계(차연)를 노래하는 단계이다.

법성의 동향動向의 극치極致인 사사무애는 해탈의 의미를 함축하고 있다. 사사무애에서의 '무애(无涯)'는 '거침이 없음'으로. 이는 공空(비어 있음)이기 때문이다.

14 상입상즉(相入相卽)의 이중적(二重的)인 관계는 서로 다르지만 장애의 요인이 없이 상호간에 모순대립이 아니고 원융회통(圓融回通)된다. 즉 장자(莊子)가 말하는 무애(无涯)이고 하이데거의 차연(差延)과 같은 의미이다.

4장   연기론(緣起論)

　연기법은 붓다가 깨달은 최고의 진리이다. 붓다가 고뇌를 소멸하고 근심과 슬픔을 벗어나 진여의 법을 얻었다滅苦惱 越憂悲 得眞如法고 했을 때 그 진여법이 곧 연기법이다.

　잡아함경雜阿含經에는 '연기라는 법칙은緣起法者 내가 지은 것이 아니며非我所作 … 이것이 있으므로 저것이 있고此有故彼有 이것이 생기므로 저것이 생겨난다此起故彼起. … 저 여래는 스스로 이법을 깨달아彼如來 自覺此法 등정각을 이루었다成等正覺.' 고 하였고 화엄유심법기華嚴遊心法界記에서도 '인연하기 때문에 법이 생겨나고, 인연하기 때문에 법이 소멸하니 만일 이렇게 알면 이 사람은 빨리 성불할 것이다因緣故法生 因緣故法滅 若能如是解 斯人迭成佛.'라고 하였다.

　연기론은 존재의 근원에 대한 것이 아니라 그 존재 방식을 명확히 밝힌 것이다. 우리는 순진하게도 우리가 지각知覺하는 사물의 존재 방식과 실제로 사물들이 존재하는 방식이 같다고 믿지만 사실은 다르다.

　우리는 모든 존재자는 독립적이고 고정된 것이라고 생각한다. 그러나 우주만물은 생성변화生成變化하는 연생관계緣生關係라는 연기의 현상으로서 나타난다. 더 나아가 우주자연의 모든 현상계는 연생緣生하기에 존재한다. 한 알의 씨앗이 땅, 물과 태양과 연계되어 큰 나무로 자라고 숲을 이룬다.

연기법은 일체의 존재자는 독립적이고 고정된 존재가 아니라는 진리眞理를 밝힘으로써 인법이아人法二我에 대한 집착으로부터 벗어나 해탈에 이르게 한다. 그것이 불교의 목표이고 따라서 연기는 불교 최고의 진리이다.

1절. 근본불교에서의 연기

'상응부相應部'에서는 연기에 대하여

> '사리불이 설하였다. 벗이여, 비유하면 두 개의 갈대묶음이 서로 의지하여 서 있는 것과 같이 명색(名色)을 연하여 식(識)이 있으며, 식을 연하여 명색(名色)이 있습니다. 명색을 연하여 육처(六處-안·이·비·설·신·의)가 있으며, 육처를 연하여 촉(觸)이 있습니다. 이와 같은 것이 모든 괴로움의 무더기가 생기는 것입니다.'

이는 두 개의 갈대묶음 가운데서 하나가 제거되면 다른 하나도 넘어져버린다는 극히 간단한 그러나 근본적인 연기현상을 말한 것이다. 여기서는 그 갈대묶음은 어디서 어떻게 왔는가를 묻는 것이 아니라 갈대묶음이 존재하는 존재

방식을 말하고 있다. 그것이 연기이다.

연기법은 존재자의 존재법칙으로 모든 존재자는 연기에 의해 그 존재의 설립設立이 가능하다는, 그에 따르지 않으면 존재할 수 없다는 것이지 존재자가 발생하는 존재자의 근원을 의미하는 것은 아니다.

이를 성철스님은 '연기라는 말이 '일어난다.'는 뜻이기는 하지만 없던 것이 새로 탄생하여 생겨난다는 생성의 기본원리가 아니라 모든 일체 만물이 존재하는 기본원리를 말한 것입니다百日法問.'라고 말씀하셨다.

그것은 현대과학으로는 두개의 수소와 하나의 산소 $H2O$가 결합하지 않으면 물水이 될 수 없다는 물리법칙物理法則과도 상통한다. 현대과학은 그러한 물리법칙을 밝혀 사물들을 이용 가능한 대상으로 바꿔 놓는다.

연기緣起라는 이름으로 설해진 경전經典은 매우 많으며 그 종류도 여러 가지가 있지만 그 중에서도 열두 개의 지분支分으로 이루어진 십이연기十二緣起가 가장 대표적이다.

12연기의 연기의 지분은 무명無明, 행行, 식識, 명색名色, 육처六處, 촉觸, 수受, 애愛, 취取, 유有와 생生, 노사老死 등 열두 가지로 이들의 관계는 연기 즉 무명에 의지하여 행이 있게 되고 행에 연緣하여 식이, 더 나아가 노사에 이르게 된다.

무명無明은 지혜明가 없음을, 행行은 제법을 지어가는 행위를 말하는데 여기서는 무지로 인하여 행한 행위의 형성력을 말하며, 식識은 인식작용 또는 인식의 주체를, 명색名色

은 식의 대상이 되는 정신^名과 물질^色이고, 육처^{六處}는 인식 대상을 감지하는 눈, 귀, 코, 혀, 몸, 의지의 육근^{六根}이며 촉^觸은 앞에서 말한 식과 육근(육처)이 명색과 접촉함을, 수^受는 접촉하여 생겨나는 괴로움이나 즐거움 등을 감수^{感受}하는 작용이며, 애^愛는 괴로움이나 즐거움 등의 감수^{感受}에 따른 그릇된 애증^{愛憎}을, 취^取는 맹목적인 애증에 따른 집착을, 유^有는 애증과 집착에 의해 결정된(업^業에 의한) 존재를, 생^生은 그 존재의 발생 또는 영위^{營爲}(꾸려 나감)를, 노사^{老死}는 생으로부터 빚어지는 늙음과 죽음이다.

설일체유부^{說一切有部} *주 1에서는 십이연기를 삼세양중설^{三世兩重說}로 해석하였다.

삼세란 과거, 현재, 미래를, 양중이란 인과관계가 이중으로 중첩되어 있다는 것으로 무명, 행을 과거, 식, 명색, 육처, 촉, 수, 애, 취, 유를 현재, 생과 노사를 미래에 해당시켜, 과거세^{過去世}의 업^業인 무명과 행을 인^因으로 하여 식, 명색, 등의 현재세^{現在世}가 있게 되고, 그 현재세의 업으로 다시 생과 노사라는 미래세^{未來世}가 있게 된다는 일종의 업보설^{業報說}이다. 생과 노사라는 미래세는 곧 윤회를 의미한다.

이에 비해 유식학^{唯識學}에서는 무명^{無明}에서 유^有까지의 10개의 지분을 원인으로 생·노사를 그에 대한 결과로 보는 이세일중^{二世一重} 인과론을 주장한다.

---

1   설일체유부는 부파불교에서 가장 강력한 부파로 유부(有部)라고도 한다.

이는 연기를 인과론因果論에 따라 해석으로 한 것이다. 그러나 중도中道의 의의意義를 밝히는 것을 목표로 하는 중관학파의 관점은 다르다.

2절. 대승불교에서의 연기

불교학자 무르띠는 중관학파에서는 현상의 토대土臺인 법성法性(Dharmata)으로서의 진실Tattva 또는 실체實際(Bhutakoti)로서의 진실을 수용하고 있다. 그러나 법성이 우리의 체험 속에 내재하면서 어떻게 경험적 사물들을 활동시키고 구상화具象化 시키는지에 대해서 설명하고 있지 않다고 한다. ('불교의 중심철학')

중관학파에서는 현상의 토대土臺인 법성을 반야경般若經의 취의趣意에 따라 공空(空性)으로 이해한다. 그리고 공空(비어 있음)으로는 현상세계를 구상화시킬 수 없다.

용수의 중론中論은 반야경般若經의 공空의 관점에서 일차적으로는 현상세계를 부정한다. 즉 불생불멸不生不滅이라는 것이다. 여기서 공空의 관점은 곧 승의勝義를 의미한다.

불생不生에 대해서는 '중론' 관인연품觀因緣品 3게揭에서 다음과 같이 논증論證한다.

'모든 법은 스스로 생겨나는 것도 아니고, 다른 것으로부터 생하는 것도 아니며, 그 양자에게서 함께 생하는 것도 아니고 아무 원인 없이 생하는 것도 아니다. 그러므로 무생임을 알아라諸法不自生 亦不從他生 不共不無因 是故知無生'라고 한다. 이는 승의제勝義諦의 관점으로 생기生起는 부정否定된다.

연기론緣起論은 그렇게 부정된 생기를 긍정肯定하는, '경험적 사물들을 활동시키고 구상화具象化 시키는'(무르띠의 '불교의 중심철학') 즉 생기生起를 설립시킨다.

'중론中論'제1 관인연품觀因緣品은 귀경게歸敬偈라고 불리는데 이는 연기법緣起法을 가르쳐주신 부처님께 드리는 경배敬拜이다.

승의제에서 부정된 생기生起를 긍정하는 연기법은 세속제로 볼 수도 있다 그러나 불법佛法의 중도中道가 유무有無의 양변兩邊을 떠나는 것이듯 연기법은 유위법有爲法(세속제)도 무위법無爲法(승의제)도 아니다. 연기법에서는 그 둘은 차연의 관계 즉 차이로서 연결되어 있다.

중관학파에서는 연기론에 대해 중도의 관점에서 인因과 과果를 양변으로 보고 원인과 결과로 해석하는 것을 거부, 부정한다. 다시 말해 연기pratitya samutpada는 원인과 결과hetu-phata가 존재하는 단순한 인과론因果論이 아니라는 것이다.

인과론은 원인 중에 결과가 있다는 인중유과因中有果와 원인 중에는 결과가 없다는 인중무과因中無果로 나뉘는데 중론中論에서는 이 둘이 모두 옳지 않음을 밝히고 있다.

'이것으로 인하여 결과가 생길 때 이것을 연이라고 부른다. 만일 그 결과가 아직 생하지 않았다면 어떻게 비연이라

고 하지 않겠느냐?^{因是法生果 是法名爲緣 若是果未生 何不名非緣} - 관인연품 7게

 '연緣속에 결과가 있다거나 또는 없다고 하는 것은 모두 부정 가능하다. 미리 없었다면 무엇을 위해 연이 되며, 미리 있었다면 연은 어디에 쓸 것인가?'^{果先於緣中 有無俱不可 先無爲誰緣 先有何用緣} - 관인연품 8게

 '제불諸佛께서 말씀하신 진실하고 오묘한 법(空-法性)과 같이 무연無緣인 이 법에 어떻게 연연이 있겠는가?'^{如諸佛所說 眞實微妙法 於此無緣法 云何有緣緣} - 관인염품 11게

연기법에 따르면 하나의 현상 즉 씨앗에서 싹이 나려면 땅과 물, 햇빛과 기후 등 무수無數한 연緣들이 있기에 원인이나 결과를 적시摘示할 수 없다.

연기는 서로가 얽혀서 일어난다는 뜻으로 서로가 서로를 비추는 인다라망因陀羅網처럼 인因과 연緣의 관계는 고정된 것이 아니라 인이 연이 될 수도 있고 연이 다시 인으로 작용할 수도 있다.

따라서 '결과는 연에서 생한다. 연이 아닌 것에서 생한다. 이처럼 연은 결과를 갖는다. 이처럼 연은 결과를 갖지 않는다.'^{果爲從緣生 爲從非緣生 是緣爲有果 是緣爲無果} - 관인염품 6게

성철스님은 '십이연기는 나지도 않고 없어지지도 않으며 … 원인도 결과도 아닙니다. 원인과 결과 양변을 떠난 것을 중도라 하며 불성이라 합니다. … 그것은 시간적으로 생기生起하는 법이 아닙니다('백일법문').'라고 한다.

연기에서 말하는 인연因緣은 인과因果를 의미하는 것은 아니다. *주2 연기론은 인과론이 아니라 '두 개의 갈대묶음'처럼 상호의존적인 상관관계의 근거이다.

이러한 관계는 하이데거 철학으로 말하면 차연差延으로 그는 차연Unter-Schied을 '서로 떨어져 있는auseinander 사이das zwischen를 제공하고 유지한 채로 서로 떨어져 있으면서auseinander 동시에 서로 가까이 하고 있는zueinander 관계로서 정립되어 있다.'라고 한다.

연기론은 공空이론을 완성시킨다. 그러면 공과 연기는 어떻게 공존하는가?

실재론자實在論者는 '일체가 공空이라면(일체법一切法이 실재하지 않는다면) 인과因果나 생멸生滅이 부정될 것이다.'라고 논란을 제기한다. *주3

총카파는 이들을 논박論駁하며 '공성空性의 의미는 연기緣起의 의미이며, 결과를 일으키는 능력에 대하여 공空인 무無의 의미가 아니다.'라 하고 있다. 그는 연기적 존재인 세속유世俗有(-현실세계)는 승의勝義의 정리定理에 의한 고찰考察을 견뎌내지 못하지만 그러나 그 존재는 부정되지 않는다.

이러한 세속유를 중관학파에서는 연기에 의한 발생은

---

2 인연(因緣-hetu-pratyaya)은 인과(hetu-phata)와는 다르다.

3 이는 중론(中論)의 '공(空)'의 이치가 있기 때문에 모든 존재가 성립할 수 있다. 만일 공(空)의 이치가 없다면 어떤 존재도 성립하지 않는다(以有空義故 一切法得成 若無空義者 一切則不成)'(제24장 14게)고 한 것에 대한 반론이다.

진정한 발생이 아니고 그렇게 발생한 존재자有는 실유實有가 아니라 가유假有라고 한다. 왜냐하면 현상은 연기(인연)에 의한 존재(의타기성적 존재)이기 때문이다.

12연기론에는 순관順觀과 역관逆觀이 있다.°주 4

순관은 '무명을 원인으로 행이 있고 … 노사가 있게 된다.'의 차례로 읽는 것으로 고통이 생기는 과정을 설명한다. 여기서 노사老死는 자연적인 사실보다는 노사와 관련된 고통의 총칭總稱 즉 사성제四聖諦에서의 고苦이다. 이를 상응부에서 '이와 같은 것이 모든 괴로움의 무더기가 생기는 것입니다.'라고 한 것이다.

한편 역관은 무명을 소진消盡한다는 '무명진無明盡하여 행진行盡하고 … 노사진老死盡하게 된다.'로 노사진老死盡 즉 고통苦痛(老死)으로부터 벗어나게 된다. 그것은 열반涅槃이고 해탈解脫이다.

그리고 고통이 생기는 과정을 유전문流轉門이라 하고 고통으로부터 벗어나는 과정을 환멸문還滅門이라고 한다. 12연기의 환멸문은 곧 해탈에의 길이다.

대승불교의 최고의 목표는 해탈이다. 중관학파에서는 십이연기론에 대한 역관逆觀을 통해 그 해탈에의 길을 찾는다.

연기가 존재자의 존재법칙일 경우에 그 존재법칙 즉 연기의 주체主體는 상관관계에 있는 각각의 존재자이다. 그것

---

4 여기서 순역(順逆)은 읽는 순서의 순역이 아니라 각 지분(各 支分)의 내용이 순역 즉 생성과 소진이라는 뜻이다.

은 대승불교가 현실세계(존재자) 중심의 불교라는 점을 보여 준다.

그러나 이상세계^{理想世界} 중심의 화엄사상에서는 연기의 주체가 각각의 존재자가 아니라 존재 즉 법성^{法性}으로 연기는 법성의 자기 발현, 운동이다.

3절. 화엄사상에서의 연기
3.1. 중관파에서의 연기와 화엄사상에서의 연기

중관파에서의 연기는 12연기가 주를 이루지만 화엄사상에서의 연기는 법계연기를 말한다.

근본불교나 중관학파에서의 연기는 제법^{諸法}(존재자)과 제법간의 연기 예를 들면 '벗이여, 비유하면 두 개의 갈대 묶음이 서로 의지하여 서 있는 것과 같이, 명색^{名色}을 연하여 식이 있으며….'^{十二緣起}와 같은 것이다.

중관학파의 연기는 존재자간의 상관관계로 그 주체는 제법^{諸法(現象)}이지만 화엄사상에서는 법성^{法性} 자체로 법성과 연기는 체용^{體用}의 관계이다. 중관학파의 연기가 상관적^{相關的} 연기라면 화엄사상의 연기는 성상적^{性相} 연기이다.

화엄사상에서는 연기를 법성(존재)과 제법(존재자)간의 관계, 성상^{性相}과 동정^{動靜}의 관계로 이해한다. 즉 법성^{法性}을 연기^{緣起}의 체^體라 보고, 법성의 연기(작용)에 의해 현상세계^相가 있게 된다. 다시 말해 연기는 성^{法性}(本體)이 상^相으로 드러나는 방식이다. 따라서 화엄사상에서는 연기가 성기性起로 나타난다.

법성은 연기에 의해 자신의 존재의미를 갖는다. 왜냐하면 법성은 자신을 드러내지 않으면 의미가 없기 때문이다. 이러한 법성의 드러남은 신통神通하고 오묘하다. 이를 화엄경華嚴經에서는 '부처님의 한 털구멍을 보아도 그중에 무수한 세계가 있다.'고 하며 이는 불가사의한 사태라고 하였다.

그러나 법장法藏은 이에 대해 '이는 신통神通, 신변神變이 아니라 연기緣起에 바탕한 것'이라고 보았다. 즉 세계의 발생이 브라흐만Brahman의 신통력에 의한 것이나 신神에 의한 창조創造가 아니라는 것이다.

이는 불교가 삶의 문제를 숙명宿命이나 외부의 힘이나 조건이 아니라 자신의 능력 즉 지혜에 의해 해결하려는 철학적 종교로서의 면모面貌이다.

법성이 진여眞如의 체體라면 연기는 진여의 행성行性이다. 성기性起에서 성은 체體이고 기起는 행성 즉 작용, 움직임이다. 진여(법성)는 고정된 실체가 아니라 흐름, 운동이다.

중관학파의 연기론은 현상세계에 전체적 관련 체계를 세우지만, 화엄사상에서의 연기는 법성과 현상세계가 함께 어우러진 중중무진重重無盡, 사사무애事事无涯한 일즉일체를 이룬다.

중관파의 연기론에서는 씨앗이 숲을 이루듯이 제법諸法들 간의 관계 안에서 이루어지지만 화엄사상에서의 연기는 성상性相이 아우르는 법계연기로 포괄적이고 전체적이다.

중관학파의 연기론의 목표가 현상세계의 통일된 모습을 지향하는 것이라면 화엄사상에서는 법성과 제법(현상세계)이 법계法界라는 하나의 세계임을 드러낸다. 법성과 제법은 성상性相, 체용體用의 관계로 법성과 제법간의 차이가 사라진다. 즉 성상일체적性相一切的이다.

법장法藏은 중관학파의 연기緣起 즉 '연緣에 의하여 기起한다.'라는 뜻의 진리를 상대적 개념이라고 하고, 성기性起는 상대를 초월한 궁극적窮極的인 진리라고 한다.

즉 중관학파에서의 연기에 의한 발생은 이차적二次的 즉 제법간의 연기로서 상대적인 개념이고, 성기 즉 탁사현법託事現法(법성에 근거하여 제법이 드러남)은 일차적 연기라는 것이다.

3.2. 지엄(智儼)의 연기론

지엄은 수현기搜玄記 '일승십현문一乘十玄門'에서 연기적인 존재의 체體를 법계연기法界緣起라고 한다. 연기는 법성 자신의 성격으로 이 둘은 분리될 수 없다.

지엄의 법계연기에는 염문染門과 정문淨門의 두 종류가 있다. 첫째에 해당하는 염법染法은 범부의 입장에서 연기를 논하는 것이고 둘째는 보살의 입장에서 본래의 청정한 연기를 밝힌다約凡夫染法 以辨緣起 以約菩薩淨分 以明緣起.

법계연기 정문淨門은 본유本有, 본유수생本有修生과 수생修生,

수생본유修生本有 둘로 나눌 수 있는데, 전자前者(본유, 본유수생)에서는 본유本有는 체體인 성이 엄연히 존재한다는 정적靜的인 측면이며, 후자後者(수생과 수생본유)는 본유에 따라 만법이 생生하는 동적動的인 측면이다.

이러한 본유本有, 본유수생本有修生은 화엄경의 성기품性起品에 해당하지만 수생修生, 수생본유修生本有는 십지품十地品에 해당한다. 따라서 여기서는 연기 자체가 아니라 수행과정을 설說하고 있다.

그리고 본유와 수생, 본유수생과 수생본유를 하나의 정문淨門에 함께 열거列擧한 것은 법성(본유)은 수행에 의해 얻어지는 것이라는, 중관학파로서는 반야바라밀다가 곧 공성이라는 이해에 근거한 것이다.

성기性起는 본유本有와 하나이다. 본유는 법성法性의 정적靜的인 면을, 성기는 동적動的인 면을 강조한 차이뿐이다. 본유는 연기의 본실本實인 체體로서 이는 인식認識을 벗어난 적정寂靜한 상태로 삼세三世에 걸쳐 움직이지 않는다.

법성은 원인과 결과를 벗어나 있다. 탁사현법託事現法(사물에 의탁해 법성을 드러냄)에서 법성은 원인이 아니라 근거根據이다. 즉 '어떤 것으로부터'가 아니라 '스스로 그러함'이다. 법성의 드러남을 성기性起라고 부르지만 이는 불기佛起, 여래의 드러남과 다름 아니다.

지엄은 본유수생문을 '중생의 마음 가운데서 그 자체가 일어나 그 자각自覺을 통해서 성性으로 완전히 깨달아 들어

가는 문^{門}'이라고 하는데, 이는 불성^{佛性}을 수행으로 얻어지는 대상^{依道理修行可得}이라는 관점에서 해석한 것이다.

> 문 : 본유수생은 새롭게 생하는 것이기 때문에 옛것이 아니다. 무엇 때문에 그 본성에 따르는 것이라고 설하는가? (本有修生 旣是新發義 非是舊 云何乃說從其本性)
>
> 답 : 이 품은 새롭게 생한다는 취지이기 때문에 수생이라고 설한다. 근본과 뜻이 가깝고, 그러므로 성(性-本性)으로부터 일어난다. 예를 들어 지금 이 곡물은 겁의 처음과 다르지 않고, 지금의 연을 대해서는 소원하기 때문에 새롭게 얻었다고는 설하지 않는다. (此品爲是新生之義 說是修生 與本義親 故從性起 如今穀不別劫初 對今緣疎 故 不說新得)

즉 곡물이 새로 나는 것은 확실한 조건에 의한 것이지만(중관학파에서의 연기) 실제로는 그 근본이 되는 것과 같은 곡물이 재생^{再生}하는 것이고, 그런 의미에서 근본과 친근하며 지금 벼가 생겨나게 한 물과 토양, 빛 등의 조건과는 소원하다고 말하는 것이다.

보리^{麥}의 본성은 변하지 않는다. 변하지 않기 때문에 종자로서의 보리가 될 수 있는 것이며 다른 물건은 될 수 없다. 여기서 본성이란 곧 자기성^{自己性}을 말한다.

이를 혜원慧遠은 '일체중생여래지장一切衆生如來之藏'(如來藏經)'의 관점에서 '보리麥의 본성은 변하지 않는다. 종자로서의 보리는 보리 이외 것이 될 수 없다. 마찬가지로 일체의 불성佛性도 변하지 않기에 중생은 반드시 부처가 될 수밖에 없다.'라고 한다.

3.3. 법장(法藏)의 연기론

법장은 연기인문육의법緣起因門六義法 °주 5에서 연기론을 펼치고 있다.

그는 '연기인문육의법緣起因門六義法'에서 '연緣을 필요로 하는 경우와 그렇지 않은 경우에 의해 동체문과 이체문이 있다. 이들 의미의 문에 의해서 털구멍에 광대한 국토를 넣는 것이 가능하다由有待緣不待緣義故 有同體門異體門也 由有此等義門故 得毛孔容刹海事也.'고 한다. °주 6

여기서 문門은 연기의 의미이다. 법계연기에는 동체문과 이체문이 있고, 법계연기에 의해 '털구멍에 광대한 국토를 넣는 것이 가능하다.'는 것이다.

그는 부대연不待緣에 의해 동체문同體門이 설립되는데 이 동체문은 '스스로 덕德을 갖추어 연緣을 필요로 하지 않기 때문에 부대연이다.'라고 한다. °주 7

그는 '동체同體(존재)의 한 문에서 자재무궁自在無窮의 덕德을 구족한다. 따라서 동체문을 기준으로 하면 곧 스스로 (덕을)구족具足하여 일체의 법諸法을 포섭한다.'고 한다. 성상동체론의 관점에서의 법계는 모든 현상계를 자신 안에 품고 있다.

그리고 '대연待緣 즉 인과 연의 관계에 의해 이체문異體門이 설립되고'라고 하였는데 이는 연기에 의해 사물이 있게 된다는 의미이다. 그러나 이체문異體門에 의한, 이체문 자체로서의 사물의 성격은 중관학파에서의 연기에 의해 이루어지는 의타기성依他起性으로 자성自性이 없는 허깨비 같은 것이 아니다.

화엄사상의 연기는 법계연기로 법성 자체의 체용體用관계이다. 또한 화엄사상은 성상동체性相同體의 관점으로 이체문異體門으로 설립된 사물이라도 법성法性의 자기실현으로 존재성存在性을 갖게 되어 이사무애理事无涯, 사사무애事事无涯의 법계를 이룬다.

5 '연기인문육의'는 1. 공유력부대연(空有力不待緣) 2. 공유력대연(空有力待緣). 3. 공무력대연(空無力待緣) 4. 유유력부대연(有有力不待緣) 5. 유유력대연(有有力待緣) 6. 유무력대연(有無力待緣)의 여섯 가지의 의미를 말한다.
이는 인(因)을 중심으로 체(體)의 공(空), 유(有)간의 상즉(相卽), 용(用)의 유력(有力), 무력(無力)간의 상입(相入), 인(因)의 대연(待緣),부대연(不待緣)에 의한 상입(相入)이 어우러진 관계로 사사무애(事事无涯)한 화엄세계를 구축하는 논리이다.
이러한 논리 때문에 불교가 일반인에게 외면당하는 그들만의 진실이 되어버린다. 사실 이러한 구분과 논리에 대한 아무런 예(例)도 제시하지 않고 있다. 물론 근거가 없는 것은 아니지만 연기(緣起)라는 오묘(奧妙)한 움직임을 이토록 자세하게 논의하는 것은 무리하다. 이는 법장의 마음 안에서 이루어진 것으로 화엄사상의 일체유심조심(一切唯心造)에 따른 것이다.

6 문(門)의 이미지(image)는 이중성(二重性) 즉 문이 두 세계를 서로 나누기도 하고 합하게도 한다는 것이다.

7 연(緣)을 필요로 하지 않는다면 이는 사실상 중관학파에서 말하는 연기와 무관한 개념으로, 연기에 의한 의타기성으로서의 현상을 넘어선 즉 형이상적 존재이다. '스스로 덕을 갖추었다.'는 법성이 모든 것을 이룰 가능성, 능력을 갖추었다는 의미이다.

3.4. 십현문(十玄門)

십현문 *주 8*은 하이데거 형이상학에서의 존재와 존재자 간의 중재(仲裁) -Austrag- 양자가 서로로부터 서로에게 나름 Auseinanddertrag beider zueinander를 화엄사상의 관점에서 열 가지로 풀어 쓴 것이다. 중재는 연기를 의미한다.

십현문十玄門은 법계연기의 중요한 사상적思想的 기반으로 십현연기十玄緣起로도 표현된다. 십현문은 화엄교학에서 일즉일체一卽一切(하나가 곧 모두이다)의 근거를 연기에서 구하고, 연기의 특질을 여러 관점에서 해명하려고 시도한 것이다.

지엄은 '수현기' '일승십현문一乘十玄門'에서 진실자체法性가 현현하는 모든 실천 그리고 모든 존재의 한없는 활동의 연관을聯關 해명하고 있다. 여기서 '활동의 연관'은 연기를 의미한다.

즉 법계연기는 진실자체法性가 현현顯現하는 실천實踐으로, 법계연기를 밝히면 이理(空)와 사事(色) 그리고 자체인自體因

---

8   십현문에는 구십현문과 신십현문이 있는데 뜻은 대동소이(大同小異)하다. 1.동시구족상응문(同時具足相應門) 2. 일다상용부동문(一多相容不同門)) 3. 제법상즉자재문((諸法相卽自在門) 4. 인다라망경계문(因陀羅網境界門) 5. 미세상용안화문(微細相容安立門) 6. 비밀은현구성문(秘密隱現俱成門) 7. 제장순잡구덕문(諸藏純雜具德門) 8. 십세격법이성문(十世隔法異成門)) 9. 유심선성회전문(唯心善成廻轉門) 10. 탁사현법생해문((託事顯法生解門)
십현문의 현(玄)은 도덕경에는 유/무의 동시성(同時性-同出)을 일컬어 현묘하다고 한다. 현묘하고 현묘하도다. 그것은 온갖 묘리가 출몰하는 문이다(此兩者同出而異名 同謂之玄 玄之又玄 衆妙之門)라고 한다. 도덕경의 동시성은 따로 떨어져 있는 것이 아니라 서로 얽혀 동거(同居)하고 있기에 십현문과 뜻이 통한다.

(法性)과 과果(諸法)가 다르지 않다는 것이 드러난다. 십현문十玄門은 그에 대한 해명이다.

일승십현문의 첫 머리인 동시구족상응문同時具足相應門은 하나에 일체가 구비具備되어 있고一卽一切, 일체가 하나를 구비하고 있다一切卽一는 뜻이다. 이는 이理와 사事, 인因과 과果가 동시에 갖추어져 있다는 의미로 십현문 전체의 뜻을 함축하고 있다.

비밀은현구성문秘密隱現俱成門에서 은현은 무유無有의 관계이다. 유有(諸法)은 법성이 드러난 것으로, 이때 무無(法性)은 뒤로 물러나 감추어진 상태Entzug이다. 즉 법성과 제법은 은현隱現의 관계이다.

제법상즉자재문諸法相卽自在門은 화엄경의 '초발심初發心보살의 일념공덕一念功德이 무량無量하여 부처조차 설해 마칠 수 없다.'거나 '저 동체문 중에서 동전銅錢 하나에 곧 중중무진重重無盡의 뜻을 얻는 것이 곧 그 일이다.'라고 한 의미와 통한다.

인다라망경계문因陀羅網境界門은 즉 법성(존재)와 제법(존재간)의 관계가 인다라망網에서처럼 법계의 얽힘이 불가사의不可思議하다. '이러한 현상은 모두 법성의 실덕으로 본래의 존재방식으로서 그렇기 때문이다此並是法性實德 法爾如是.'

제장순잡구덕문諸藏純雜具德門에서의 순덕純德은 통일적인 의미를 함유하고, 잡덕雜德은 다양성을 대변한다. 법성은 다양한 제법諸法을 다양하게 존재하게 하는 의미로 능장能藏이

4장. 연기론(緣起論)

되고, 제법은 그 능장에 따라 다양하게 분화分化(個別化)되는 소장所藏이라 할 수 있다. *주 9

그 통일적 존재와 개별적 존재가 서로 다르지만 전혀 모순 속에서 상충하지 않고 차이 속에서 동거의 형식을 취하고 있다. 즉 무애无涯하다.

탁사현법생해문託事顯法生解門에서의 탁사현법은 '법성은 사물을 통(의탁)하여 자신을 드러낸다.'는 뜻으로 사물은 법성의 자기 현시이다. 탁사현법은 하이데거가 말한 '존재存在는 존재자存在者의 근거根據'임을 가장 직접적으로 표현한 것이다.

십현문의 모든 설명은 마음 안에서 일어난 것을 표현한 것이다. *주 10

한 떨기의 장미꽃을 보고 장엄莊嚴한 우주의 신비神秘(법성의 자기 현시)를 느낀다.

---

9   모든 법은 다 능동적으로 자장(自藏)하는 능장(能藏)이 되고 동시에 수동적으로 저장되는 소장(所藏)이 된다. 능장이 되면 하나로서 모든 것을 통일하고, 소장이 되면 그 하나가 나누어지는 개별화로서 읽혀지는데 능장을 순(純), 소장을 잡(雜)이라고 한 것이다. 이 순잡(純雜)이 다 원만하게 이 세상을 구성하고 있기에 구덕문(具德門)이라 한다.(하이데거와 화엄사상 김형효)

10 김형효 교수는 '마음은 존재의 의미, 진리를 발현하는 능동태(能動態)로서 진리의 생기(生起)와 같고 동시에 진리가 이미 발현되어 있는 수동태(受動態)이기도 하다. 우리의 마음 안에 진리가 존재한다. 아니면 우리는 진리를 알 수 없다.'고 한다.

4장. 연기론(緣起論)

5장 무자성(無自性)

불교는 인도 정통의 아트만^{Atman}사상에 반대하는 관점에서 무아無我를 주장하였고, 근본불교에서의 무아론을 이론적으로 정립한 것이 무자성無自性·공空이다. 무자성은 공空을 논리적으로 해명한 것이라 할 수 있다. 즉 무자성이기 때문에 공空이라는 것으로 이는 중관파에 있어 가장 중요한 개념이다.

1절. 무아(無我)와 공(空)에 대한 일반적 이해

1.1. 무아(無我)

무아 즉 자아自我가 없다면 누가 내 생명을 영위營爲, 유지維持시켜줄 것인가?

우리는 통상적으로 자아를 몸과 완전히 동일시하지도 않고, 마음과 동일시하지도 않는다. 그냥 몸과 마음의 주인으로서의 자아自我가 있다는 막연한 느낌에 매달린다. 그러나 이러한 자립적自立的인 자아의 개념은 이를 주장하는 사람들 마음에만 존재한다.

그런 의미에서 마음이 곧 자아自我이다. 마음에 운명이 쌓이고 또 결단決斷의 모든 가능성이 마음으로부터 도출導出

되므로 인간의 그러한 마음은 존재한다. 왜냐하면 그 마음이 세상 안에서 만나는 존재자를 세상과 연관된 존재자로서 읽는 연원淵源이기 때문이다.

하이데거는 현존재現存在(인간)를 '세계-내-존재' 즉 타존재他存在들과 관계 맺으며 사는 존재라 했다. 그런 삶의 연원이 마음이다. '들녘에 핀 이름 모를 한 송이 들꽃도 시인詩人이 보내는 마음의 눈길에서 비로소 꽃이 된다.'(You are nobody until somebody loves you.) 이들은 다 같은 말이다. *주 1

그러나 마음은 우리가 '있는 것'이라고 여기면 이미 없다. 왜냐하면 마음은 인식認識 즉 의식意識(대상을 인식하는 작용)의 대상對象이 아니라 의식의 근거이기 때문이다. *주 2

자아自我라는 개념은 존재자(인간)의 본래적 의미인 자연성法性의 현시가 아니라 인간의 의식意識의 소산所産이다. 즉 의식이 자아의 준거準據이다. *주 3

---

1. 인간의 마음과 객관적 세계는 각각이 독립된 주객(主客)이 아니라 하나가 없으면 다른 하나도 성립할 수 없는 상관관계를 갖는다. 그것이 불교에서 모든 존재자를 만물(萬物)이라 하지 않고 만법(萬法)이라고 한 이유이다. 이는 데카르트가 존재자를 사유(思惟)하는 사물(res cogitans-인간, 영혼)과 연장(延張)을 갖는 사물(res extensae-단순히 공간을 점유(占有)하는)로 날카롭게 나눈 것과 비교된다.

2. 유식학에서는 심(心), 의(意), 식(識)을 각각 8식인 알라야식, 7식인 말나식 그리고 6식인 의식으로 구분하고 알라야식은 말나식이나 의식의 근원이라고 한다.

3. 자아의식(自我意識)의 뿌리는 사량식(思量識)이라고 불리는 제7식인 말나식이다. 사량식은 이기심(利己心)의 온상(溫床)으로 이기심은 모든 분별의식과 자아의식을 불러 세운다.

1.2. 공(空)

대승불교에서 공空은 무자성無自性 즉 모든 사물이 독립적이고 자립적이 아니라는 의미의 공空이지만, 공空은 유무有無를 초탈한 의미, 상징성 때문에 그 이미지Image만으로도 불교를 대표한다.

공空이라는 개념概念은 근원적으로 고통으로부터 벗어나 해탈에 이르려는 동기動機를 암묵적으로 갖고 있다. °주 4

공空에는 무아無我라는 인공人空뿐 아니라 제법諸法이 실체가 없다는 법공法空의 이공二空이 있다. 그리고 그에 반대되는 아집我執은 번뇌장煩惱障을 낳고 법집法執은 소지장所持障의 근거이다. 집착은 무지無知에 따른 것으로 모든 고통의 원인이다. °주 5

그리고 집착의 원인인 무지無知는 미혹迷惑에 따른 것으로 미혹 자체는 유위有爲이다.

반야경에서의 공空은 일체의 유위有爲에서 이루어진 것相諸法을 부정否定한다(空中 無色 無受想行識). 그러나 이 부정은 상대부정相對否定으로 고통苦痛이라는 측면에서 보면 번뇌장이 비본질적非本質的인 것임을 가리키고 있다. 그것은 곧 수행修行에 의해 해소解消되는 대상이라는 것이다.

---

4   삼법인(三法印) 중의 제법무아(諸法無我)는 일체개고(一切皆苦)에 대한 대처(對處)로서의 의미라 할 수 있다.

5   이 이장(二障)의 근원은 탐진치(貪嗔痴)로 업(業)의 속박에 머물게 하는 장애로 작용한다.

번뇌장, 소지장이 해소되었다는 것은 모든 집착으로 벗어난 공空을 깨달은 상태이다. 사실 공空은 수행에 의해 이루어지는 경계依道理修行可得이다.

2절. 중관학파에서의 무자성
2.1. 개론
'중관학파'에서의 자성自性은

1. 인연(因緣)으로부터 조작(造作)된 것이 아닌 것
2. 다른 것을 관대(關對)하지 않는 것
3. 일체의 시처(時處)에 변화하지 않는 것이라고 한다.

그런데 그런 자성을 가진 존재자는 절대자 즉 아트만이나 신神외에는 없다. 그리고 불교에서는 이들의 존재를 부정한다. 따라서 자성 역시 항상 부정의 대상이다.

중관학파의 무자성無自性은 찰나적 존재를 무無로 표현한 것이다. 찰나적 존재는 영화映畵의 한 컷cut에 해당하며 우리는 한 컷, 한 컷의 연속을 통해 그것을 스토리story로 읽어낸다. 불교에서는 이를 상속相續이라 하는데 연기緣起도 이 상속에 의해 가능하다.

상속을 승의제勝義諦(眞諦)에서는 이를 전도망상顚倒妄想이라고 하여 부정하지만, 세속제世俗諦에서는 긍정한다. 따라서 논리적 관점에서 보면 무자성 즉 자성의 부정否定은 절대부정이 아니라 상대부정이다.

바타차리아Bhattacharya는 중관론사가 모든 사물은 '자성이 없다.'거나 '공空하다'고 말하는 경우에 결코 그것들이 존재하지 않는다고 말하는 것은 아니라고 했다. 다만 그것들이 '의존적依存的으로 발생緣起'한다고 말하는 것일 뿐이다. … 공성空性의 논리는 한편에서 그것은 경험적 실재를 성립시킨다. 다른 편에서 그것은 초월적인 것을 가리킨다고 말했다.

그는 '자성自性이 없는 사물이라고 해서 그 성질이 전혀 없다는 것은 아니다. (사물은)본성적으로 볼 때 그것들은 보편적이고 절대적인 실재일 뿐이다. 그것(법성)은 적정寂靜(완전한 고요)이고 모든 것外觀을 벗어난 것이다.'라 한다.

무상無相(모든 것外觀을 벗어난 것)인 것이 그것의 본성本性이다. 왜냐하면 그것은 오직 하나의 상相을 갖는 것이기 때문이다. 그리고 그 하나의 상相은 객관적인 입장에서 보면 바로 무상無相이다. 그러한 본성은 외관을 벗어난 것이기에 객관적으로 규정할 수 없는 실체이다.

제법諸法이 그것에 대對하는 타존재가 있다면 (상대적 존재) 본성法性은 유일무이唯一無二한 절대적 존재이다. '절대絶對'란 고요하다. 왜냐하면 의식意識에 의해 포착捕捉되는 것이 아니라서 희론戱論의 대상이 아니기 때문이다.

그는 이어서 '무상無相 즉 객관적으로 보아 비존재無相라고 해서 그것이 형이상학적으로도 비존재라고 결론을 내려서는 안 된다고 말한다. 그와 반대로 객관적으로 보아 비존재라는 사실은 그것이 형이상학적 존재라는 증거가 된다.'고 한다.

칸트는 이를 물자체는 알 수 없으나 그 존재는 인정해야 하다고 했으며, 다르마키르티는 '사유思惟의 대상이기는 하지만 인식認識할 수 없는 것이 공空'이라 했다.

용수는 무자성無自性에 대해 '우리들은 법들에 소속된 자성을 부정하거나 혹은 법들을 떠난 그 어떤 사물에 소속된 자성을 인정하거나 하는 것이 아니다.'라고 말했다. (회쟁론 60-1 게송) [주6]

그는 무자성의 정당성을 옹호하는 입장에서 '그대論敵 말같이 존재하는 것만을 부정할 수 있는 것이라면(물 단지가 있기에 물 단지를 부정할 수 있다) 공성空性, 무자성성無自性性은 성립하는 것 아닌가?'(61 게송)라고 한다. [주7]

2.2. 자성(自性)과 자상(自相)의 혼용(混用)

용수는 회쟁론廻爭論에서 논적論敵에게 '그대가 어떤 성품이

---

6   용수는 귀류논증파이다. 귀류논증에서는 자기 스스로는 그 어떤 것도 부정하지 않는다. 다만 자립논증(自立論證)에서 주장한 명제(命題)를 논리적으로 부정함으로써 자기 논리의 옳음을 논증할 뿐이다. 공(空), 무(無)는 어떤 것의 부정이지 스스로의 긍정은 아니다.

7   이는 용수가 중론(中論) 등에서 즐겨 사용하는 레토릭(rhetoric)이다. 논적(論敵)이 부정한 것은 현상적 존재이고 공성, 무자성은 본성(법성)이기에 같은 차원에서 다룰 대상이 아니다. 그러나 이 말이 틀렸다는 것은 아니다. 색즉시공(色卽是空)의 관점에서는 옳다.

건 성품이 있기 때문에 법法(諸法)이 있는 것이니, 그러므로 자성(자기의 본성)은 공空하지 않은 것이리라 한다면 이는 그렇지 않으니, 왜냐하면 성품(본성)은 있되 자성自性이 없기 때문이다.' 여기서 '자성이 없기 때문이다'의 자성은 자상自相(자립적이고 독립적인 자체적 특징)이다.

또한 '성품 있는 그것이 만약에 자성이 있는 것이라면, 공空을 떠나서 두 가지 대상이 있지 않을 것이고, 만약에 있는 것 가운데 또 있는 것이라면 두 가지 있는 모양이다.'라 하고 있다. 여기서 '있는 것 가운데'의 '있는 것'은 성性이고 '또 있는 것'은 상相이다.

원측은 '해심밀경소解深密經疏에서 '세존께서 무한한 관점에서 설說한 더미蘊들이 지닌 자체적 특징, 발생과 소멸의 특징, 영원과 단절, 철저한 인식 등의 특징(世尊以無量門曾說 諸蘊所有 自相, 生相, 滅相, 永斷, 遍地'(해심밀경 무자성상품無自性相品) 중에서 발생, 소멸 등과 같은 모든 현상이 지닌 공통적 특징通相과는 달리 자체적 특징自相에 대해서는 이를 여타 현상들과 구별지어주는 개별적 특징別相이라고 한다.'라고 한다. 여기서 통상通相은 법성法性(自性)이고 별상別相은 자상自相이다.

체르바스키Stcherbatsky의 불교 논리학에서는 '법法들은 두 가지 차원을 갖는다. 법의 궁극적 본질인 법의 자성自性(dharma svahbava)과 법의 찰나적 현현顯現인 법상法相(dharma laksana-법의 자상)의 차원이 그것이다.'라고 하

여 그 차이를 분명히 하였다. °주8

이어 그는 법의 자성自性은 과거, 현재, 미래의 삼세에 걸쳐 실재하지만三世實有法體恒有 현재 이 찰나刹那(ksana)에 나타났다 사라지는 것(현상세계)은 그렇게 항존恒存하는 법들 중에서 지금의 인연에 부합하는 법의 법상法相인 것이다. 여기서 법상은 곧 자상이다.

2.3. 혼용(混用)의 현실적 원인

총카파는 자신의 저서著書인 '밀의해명密意解明'에서 자립파自立派들은 일반적으로 어떤 진실, 승의, 실의를 갖춘 '참 존재'라고 이름 붙여진(아트만, 신神) 존재는 부정否定하고 있지만, 세속에서는 사물들이 자상自相·자체自體·자성自性을 가진다고 한다.

즉 자성自性을 갖춘 '참 존재'는 부정하지만 자상自相으로서의 존재는 인정한다. 그러나 귀류파는 이런 자립파의 주장을 부정하고 사물 즉 존재자는 다만 이름名이라는 기호만 있을 뿐이라고 주장한다.

귀류파가 이렇게 주장하는 현실적인 이유는 승의제에서 자성自性은 정리지正理知에 의해 부정, 배제된다. 그런데 자립파가 주장하듯 유有(存在)가 언설(세속)에 있어 자상自相에 의해 성립한다고 하면 자성自性이 정리지正理知에 의해 부정

---

8   이를 중관학파에서는 물단지(瓶)를 예로 들어 물단지에는 승의제와 세속제가 함께 있다고 한다.

될 때, 그 부정이 단순한 생멸(세속적 존재)까지도 부정하는 것으로 오해가 생길 우려가 있기 때문에 그러한 위험으로부터 세속유世俗有를 보호하기 위한 것이다. °주 9

또한 중관학파에서는 자상自相에 대해 존재성自性을 인정하면 그것이 아트만Atman(실재론)을 인정하는 것으로 오해誤解할 것을 우려憂慮하였던 것이다.

이를 총카파는 그의 도차제론道次第論에서 '일반사람들은 제법에 자성自性이 없는 것을 무無라고 보고 그것을 이유로서 있다고 한다면 진실로서 있는 것이(神, 아트만)라고 동일시하여, 세속적인 것은 그대로이지만 그것과 다른 것(神 등)은 진실로서 성립하고 있다.'라고 하지만 둘 다 '중관의 종견宗見으로부터 벗어나 있다.'라고 한다.

이러한 문제를 해소解消해주는 것이 유식학의 삼성론三性論이다. 삼성설三性說은 중관학파의 진·속眞·俗의 이원二元 구도構圖에서 한 단계 발전한 것이다.

3절. 해심밀경에서의 무자성(無自性)
3.1. 삼성론(三性論)

유식학唯識學에서는 현상계의 상相을 세 가지로 나누어 설명

---

9   칸트는 순수이성비판에서 신(神)을 부정(否定)하였는데 이는 신(神)의 존재를 인간의 이성(理性-戱論)으로부터 보호하려는 것이다. 이와는 반대로 불교에서 세속유(世俗有-현실세계)의 자성(自性)을 부정하였는데 이는 그것을 보호하려는 의도(意圖)가 숨겨있다.

한다. 즉 변계소집상遍計所執相, 의타기상依他起相과 원성실상圓成實相의 세 가지 상이 있다. 삼성설은 이 상相들이 갖는 성性의 관점에서 말한 것이다.

변계소집상은 실제로는 상相과 색色과 명名과 아我와 법法 등이 없는데도 잘못된 의식意識작용에 의해 가설假設된 것으로, 어두운 곳에서 밧줄을 뱀으로 착각하는 경우가 이에 해당한다.

의타기상은 모든 존재하는 것은 두 갈대의 묶음처럼 서로 의존하여 서 있다는 즉 연기하는 존재의 상相을 말한다.

이에 비해 원성실상은 현상계의 일체의 진실한 진여眞如로서, 인人·법法 이공二空으로 이는 무상無相 즉 상相을 가지지 않고 다만 그것을 깨달은 마음에만 존재한다.

이를 그 본성의 관점에서 보면 원성실성圓成實性은 의타기성依他起性의 실성實性이다. 또한 이제론二諦論의 관점에서는 의타기성이 세속世俗 그리고 원성실성은 승의勝義라는 관계에 있다.

3.2. 해심밀경에서의 삼성론

유식학唯識學의 근거를 세운 소의경전所衣經典인 '해심밀경'에서는 무자성에 대해 중관학파와 다른 새로운 이론을 제기하고 있지는 않다. 다만 그 뜻을 밝히는데 있어 크게 기여하였다.

해심밀경에서는 '대승大乘(중관학파)은 유有를 숨기고 공

空을 말하였기에隱有說空 은밀상隱密相이지만, 유식종唯識宗은 일체법무자성一切法無自性 등에 유有와 무無를 모두 현저顯著하게 드러내는 '무자성성無自性性-三無自性'을 더했기에 현료상顯了相이다.'라 하였다.

여기서 현료상顯了相은 자성自性이 있다고 한 것과 자성이 없다고 한 것을 분별한 것으로 이를 해심밀경에서는 선변善辨한 것이라고 한다.

총카파는 선변을 '법성法性을 제외한 모든 법들諸法은 착란錯亂된 마음에 의해 기만적欺瞞的으로 가립假立된 것일 뿐 전혀 자성으로 존재하지 않는 반면 법성은 실재한다고 한 이러한 실재와 비실재의 분별이 선변의 의미이다.'라고 한다.

해심밀경은 제 5무자성상품無自性相品에서

'너는 마땅히 자세히 들으라. 나는 응당 너에게 말한 일체의 제법(諸法)이 모두 자상(自相)이 없고, 생(生)함이 없고 소멸함이 없고, 본래가 고요하고 자성(自性)이 열반(涅槃)임에 관한 모든 비밀스러운 뜻을 해설하리라.'

라고 함으로써 현료상의 뜻을 밝히고 있다.

그러나 해심밀경에서 밝히는 뜻은 무자성無自性의 내용에 대한 궁구窮究가 아니다. 다만 무자성이 무조건 자성 자체를 부정하는 것이 아니라는 것이다. 그 부정은 경우에 따라서는 자성을 인정, 수용收容할 수 있다는 것이다.

해심밀경에서는 자성의 수용收容을 기준으로 삼성설三性說을 제시한다. 해심밀경 무자성상품無自性相品에서는 삼성三性을 상相, 생生, 승의勝義 셋으로 나눈다. 이는 통상적인 삼성론에 알라야식의 이론을 첨가한 것이다.

1. 상(相)무자성성: 모든 법의 변계소집상으로 이것은 가명(假名)으로 상(相)을 삼은 것이지 자상(自相)을 안립(案立)하여 상(相)을 삼은 것이 아니다. 따라서 상의 근원인 성(自性)이 없다. *주 10

2. 생(生)무자성성: 모든 법의 의타기상을 말한다. 왜냐하면 다른 인연의 힘에 의해 존재하는 것이니 저절로(自然)있는 것이 아니기 때문이다. 연기(의타기성)에 의해 생겨나는 일체 제행(諸行)은 항상(恒常)됨이 없고 일정함이 없고 고정되지 않고 변하여 무너지는 존재로 원성실(圓成實)한 자성(自性)이 없다. 즉 무자성이다. 그러나 여기서 존재 자체는 인정한다. 따라서 '자성(自性)의 일부분은 인정된다.'고 한다.

---

10 해심밀경의 '무자성상품(無自性相品)에는 무엇이 현상들 중 특징, 관련, 자체적 본질이 없는 것(無自性相)인가? 바로 '상상(想像)의 대상인 특징(相)이다.' 왜 그런가? 그것은 말(假)과 이름(名)을 통해 특징으로 성립된 것이지, 자체의 특징(自相)을 통해 특징으로 성립된 것이 아니기 때문이다. 그러므로 '특징(相)'의 본질은 없는 것이다.

3. 승의무자성성: 첫째 원성실상(圓成實相)을 의미한다. 원성실성은 법성으로 진여(眞如)이다. 이러한 진여는 그 자체로는 형상이 없고(無相) 실체(實體) 또한 별도로 있는 것이 아니다. 또한 후천성 이전(以前)의 본래성(本來性-如來性, 法性)이다. *주 11

해심밀경에서는 알라야식은 법성의 지위에 있다. 그리고 '승의의 무자성'을 해명하기 위해서 알라야식을 논論하였다.

알라야식 Alaya식(藏識) *주 12은 잡염雜染인 집지식執持識(Anada식)과 이숙식異熟識(Vipaka식) 그리고 청정무구淸淨無垢한 본래성인 아말라식아말라阿末羅(Amala식) 세 가지 이름을 갖는다.

알라야식의 본래성은 진여眞如, 공空이지만 생명과 감정과 개념槪念 등의 종자種子들이 스며들어 염오染汚와 관련하게 된다. 이 염오의 종자가 삼계三界의 윤회를 거듭하는 동안에도 끊이지 않고 업業을 유지시킨다는 의미에서 집지식執持識이라고도 한다.

중생의 무명無明의 원인은 숙업宿業처럼 이미 결정된 습

---

11 본래성은 불생불멸(不生不滅), 부증불감(不增不減), 불구부정(不垢不靜)하다. 그리고 인연이 도래하면 즉 연기에 의해 현실적인 사태로 전개된다.

12 알라야식은 산스크리스트어 알라야(alaya)를 음역한 것으로 '아(a)'는 '아니다'라는 부정사이고, 라야(laya)는 '없어진다.'로 알라야는 '없어지지 않는다.', '쌓인다.'는 의미로 한문(漢文)에서는 장식(藏識)으로 번역한다.

기習氣가 지속적으로 내려오는 이 염오의 종자식에 의해 본래성인 진여眞如가 가려져 있기 때문이다.

알라야식의 관점에서 보면 생生무성성(의타기성)은 잡염雜染인 집지식執持識(아나타식)에 반연絆緣된 것이고 승의무자성은 청정식淸淨識인 아말라식Amala識에 관계된 경계이다. 승의무자성성은 언제나, 영원히 제법의 법성이 안주安住하는 무위無爲(허공)여서 일체의 잡염雜染과 상응相應하지 않는다.

4절. 삼성설과 자기성(自己性), 자가성(自家性), 자아성(自我性)

4.1. 해심밀경에서의 자기성, 자가성, 자아성

해심밀경 무자성상품에서 '자성自性의 일부분은 인정된다.'고 하여, 생무자성상(의타기상)의 존재를 자성의 관점에서 해명하였지만 '일부분'으로는 어떤 정의定義도 내릴 수 없고 따라서 이름을 붙일 수도 없다.

'갈래(가지·부분)를 시설施設하고 정립하여 수레가 존재하지만 수레는 갈래(손잡이, 바퀴 등)가 아니고, 갈래를 취합한 것도 수레가 아니다. 반드시 갈래를 취합한 것을 근거로 이름 붙이는 토대가 생기고 거기에 이름을 부를 때 수레가 된다. 세상의 수레는 형체가 있을 때부터 시작하는 것이 아니라 이름이 생길 때부터 시작한다.

총카파도 자성과 자상의 관계에 대해 알지만 이름이 없

기 때문에 이를 길게 돌려서 설명할 수밖에 없었다. 자가성自家性은 그러한 필요에서 붙인 이름이다.

해심밀경의 무자성상품에서는 삼상三相을 자성自性이라는 하나의 관점에 맞추어 거기에 상相, 생生, 승의勝義라는 수식어修飾語를 붙여 그 각각에서 의미의 차이를 드러낸다.

그러나 일반적으로 무자성은 해심밀경을 제외하고는 '자성이 없다.'는 하나로 통용通用되기에 그 의미가 혼동混同되어 따로 해석을 요要한다.

총카파는 '자성自性(자기 본성)을 배제하는 것만으로 그 대상을 어떻게 부정할 필요가 있겠는가. 그와 같이 이해하는 것(자성을 부정하는 것)은 인법人法 2아二我에서 상相에 집착하는 것에 대한 대치對治로, 거기에는 상相에 대해 조금도 집착하는 것이 없기 때문이다.'라고 언급했다.(도차제론道次第論)

즉 대상의 존재근거로서의 자성自性은 부정할 수 없고, 다만 인법人法 2아二我에 대한 부정이라는 것이다. '인법 2아'에 대한 부정은 각각 인무아人無我와 법무아法無我이다. 따라서 이 문장文章에는 존재의 근거로서의 '자성', '법무아' 그리고 '인무아' 세 가지가 담겨 있다.

존재의 근거로서의 자성自性은 원성실성이고, 법무아는 대상諸法의 자립성, 독립성 즉 자가성自家性을 부정하는 의타기성이고 인무아는 의식의 소산所産인 인간의 자아성自我性을 부정하는 변계소집성이다.

중론中論에서의 부정대상인 자성自性은 자기성自己性이 아

니라 자가성自家性이다. 이는 연기론에 따라 세상 사물은 연기에 의한 존재 즉 의타기성依他起性으로 자가성이 없기 때문이다. 현상세계는 법성의 자기표현이기는 하지만 자가성自家性이 없기에 공空하다.

4.2. 자기성(自己性-自己 本性)과 원성실성

법성法性(存在)이 바깥으로 지향, 자신을 현시(現示)하는 존재자託事現法는 각각各各의 개별적個別的 존재 즉 인간은 물론 새, 꽃과 나무 등 개체個體이다. 바꿔 말해 개체로서의 존재는 법성의 초월적인 현시이다.

인간으로서의 개체화는 각자성各自性을 의미한다. 각자各自라고 했을 때 그 각각의 자기自己는 초월적인 존재(법성)의 자기현시現示일 뿐이다. 따라서 각자성이라 했을 때 그것은 자기성自己性(Selbesheit)의 발현으로 한 인간으로서의 고유성固有性을 말할 뿐이다.

자기성은 법성이 자신의 본질을 현현하는 법성의 현시이기 때문에 나와 너 그리고 우리 모두가 서로 자유롭게 왕래할 수 있는 근원이다. 이때 자기성自己性은 법성法性과 동일한 의미를 갖는다. 그러므로 무상無相이다.

자기自己는 유식학唯識學에서 말하는 능연能緣의 주체라는 의미로, 단지 행동을 일으키는 행위자의 주체일 뿐이다. 자기自己는 실체로서의 자아自我도 아니고 타인을 배제한 순수한 독립적인 자아도 아니다.

4.3. 자가성(自家性)과 의타기성

자가自家는 자기만의 것(특징) *주13으로 '제 스스로'의 의미를 내포하고 있다. 자기성自己性은 자가성自家性의 근거이다. 그러므로 자가성을 부정한다고 해서 그것이 자기성을 부정하는 것은 아니다. 이를 총카파는 '자성自性(자기 본성)을 배제하는 것만으로 그 대상을 어떻게 부정할 필요가 있겠는가.'라 하였다.

또한 자기自己는 무상無相으로 이름이 없지만 자가自家는 각각 다른 상相을 갖고 있기에 이름이 있고 또 있어야만 한다. 이를 도덕경 첫 장에서 '무명은 천지의 시작이고 유명은 만물의 어머니이다無名天地之始 有名萬物之母.'라고 한다.

자가성自家性은 의타기성 즉 연기에 의한 존재이기에 상관적으로 존재한다. 따라서 독립적 존재는 아니지만 현실적으로, 몸으로 존재하는 각자各自로 언어(인식)의 대상이다.

중관학파中觀學派에서는 현상세계의 실재를(비록 신기루 같은 것이지만) 인정한다. 이를 생무자성성(해심밀경)에서는 그러나 '자성自性의 일부분은 인정된다.'고 하여 존재 자체는 인정한다. 생무자성성은 의타기성을 말하고 이는 연기에 의한 존재이다.

중론中論 첫 게송에서의 팔불八不 중의 불생불멸不生不滅은 공상空相(法相)으로 승의勝義의 관점에서 각각 인연에 따라

---

13 지문(指紋)처럼 모든 존재하는 것들은 모두 서로 다르다.

생기生起하는 형상과 그 특성을 부정한다.

그러나 관습적 차원世俗에서는 생멸生滅 등은 실재한다. 불교에서 관습이 의미하는 것은 언설言說(언어활동), 상식적 차원을 의미한다.

불교에서 언설은

1. 널리 알려져 있어야 하고(常識)
2. 다른 인식논리(認識論理)로 부정할 수 없는 것
3. 승의(勝義)의 정리(定理)로 부정하지 않는 것 즉 세속(世俗)이다.

이런 세속 즉 현상세계에 존재하는 제법諸法은 연기적 존재로서 그 성품은 의타기성이다. 그리고 의타기성이란 자립성自立性을 가진 독립적 실체가 아니라는 것이다.

하이데거는 자기성과 자아성 이 둘을 구별하여 다음과 같이 설명한다.

그는 '나'에는 특수한 독립적 개별자라는 의미의 '나' 즉 자아自我(Ich Selbst) *주 14와 나 자신 즉 자기라는 존재를 의미하는 자기自己(Selbsten)가 있다고 한다.

---

14 이는 불교에서 부정하는 자아가 아니라 자가성을 가진 존재를 의미한다. 변계소집성으로의 자아(自我)는 불교 유일의 개념으로, 유식학 더 나아가 불교가 사물, 사태에 대한 심오(深奧)하고 정교(精巧)한 인식에 근거하고 있음을 보여 준 것이다.

자아는 이기적利己的이고 고집固執스럽지만 자기는 상호융통하는, 따라서 경직되고 뻣뻣한 것이 아니다. 그는 한 인간이 자신을 희생犧牲하는 것은 자아Ich Selbst를 버리는 것이고, 그것은 오히려 자기Selbsten를 고귀高貴하게 만든다고 한다.

4.4. 자아성(自我性)과 변계소집성

자가성自家性은 법성의 자기화自己化로서의 자기 고유성(소나무와 솔개)이지만 자아성自我性은 자의식自意識의 소산所産으로 자기가 자기의 고유성固有性을 자가自家생산한다.

자가自家와 자아自我의 차이는 자가는 몸을 근거로 거기에 이름을 붙인 것이지만, 자아는 몸이나 마음과 분리된 어떤 존재가 존재한다고 믿는 의식의 소산所産이다.

자아自我에 대해 '마하무드라'의 한 송頌에는

'본래 있는 것도 아닌데 스스로 나타난 대상으로 믿고
무명(無明)으로 인해
자기인식(自己認識)을 자아로 믿는
'있음'이 아니니 부처조차 그것을 본적이 없고,
'없음'도 아니니 윤회와 열반의 근거이며…
(이 마지막 연(聯)의 '없다'는 자가(自家)이다.)

생멸生滅의 관점에서 보면 원성실성은 불생불멸한 존재이고, 의타기성은 생멸하는 존재이고, 변계소집성은 의식의 소산일 뿐 존재하지 않기 때문에 마치 토끼의 뿔이나 석녀石女의 아이처럼 무생무멸無生無滅이다.

3부. 불교의 주요 명제(命題)

1장. 이제론(二諦論)

1절. 불교에서의 이제론　　　　　　　　　　　　　156
2절. 서양철학에서의 이제론　　　　　　　　　　　161

2장. 승의(勝義)의 정리(定理)

1절. 사구부정(四句否定)　　　　　　　　　　　　168
2절. 상속(相續)의 부정(否定)　　　　　　　　　　171

3장. 중론(中論) 읽기

1절. 개론(槪論)　　　　　　　　　　　　　　　　182
2절. 논증 방식　　　　　　　　　　　　　　　　187
3절. 메타(Meta) 언어　　　　　　　　　　　　　192

1장 이제론(二諦論)

종교 없는 과학은 절름발이이며, 과학 없는 종교는 장님이다. -아인슈타인

1절. 불교에서의 이제론
1.1. 불교 논리학에서의 이제(二諦)

불교에서는 자연을 현상과 본성으로 구분하고, 현상을 세속世俗, 본성을 승의勝義라고 규정한다. 그리고 세속과 승의에는 그 각각에 따른 서로 다른 진실 즉 세속제世俗諦와 승의제勝義諦가 있다고 한다. 그리고 이 두 가지 진리가 서로 불가분不可分의 관계에 있다는 것이 이제설二諦說(두 가지 진실)이다.

체르바츠키는 '불교논리학佛敎論理學'에서 '실재에는 두 종류가 있으며 그 하나는 순수한(개념이 개입되지 않은) 것이고 다른 하나는 상상(관념)과 혼합된 것이다.'라고 한다. 첫 번째 실재는 본성, 승의이고 두 번째 실재는 현상, 세속이다.

순수한 실재는 궁극적 순수 실재로 이는 극히 짧은 찰나들로 이루어져 시간상의 명확한 위치도 가지지 못하며

어떤 지각할 수 있는 질質도 가지지 않는다. *주1

  이에 비해 '상상(관념)과 혼합된 실재는 객관화된 형상들로 이루어져 시·공간상의 위치를 갖고 다양하게 지각될 수 있는 질質을 부여받고 있는 현상적, 경험적 실재이다.'

  그는 '순수한 실재實在는 직접적, 궁극적 또는 선험적이고, 상상(관념)과 혼합된 실재는 간접적 또는 경험적이다. 이처럼 실재는 이중성二重性을 갖는다.'고 한다.

  '직접적'이란 감각적 직관直觀에 의해 대상을 지각知覺한다는 것이다. 감각적 직관은 감관에 의한 순수감각의 순간瞬間으로 직관의 대상인 사물의 모든 관계와 일반적 특징槪念을 제외除外하고 '있는 그대로의 사물'을 인지認知, 지각知覺한다. '있는 그대로의 사물'은 칸트가 말한 물자체物自體 즉 궁극적 실재이다. *주2

  이에 비해 '간접적'이란 대상을 지각함에 있어 '있는 그대로의 사물'에 지성知性(槪念)이 개입한다는 것을 의미한다. 지성知性은 궁극적 실재 즉 대상을 개념화하여 경험적 세계, 현상세계를 구성한다. *주3

---

1 이는 찰나설(刹那說)이고 대승불교의 공(空)이 그러하다.

2 성철스님이 '산은 산이요 물은 물이다.'라고 했을 때 이는 개념적(지성적) 요소를 부정하고 궁극적 실재를 직접적으로 드러낸 것이다.

3 지성(知性)은 지각(知覺)된 것을 개념으로 정리하고 관념으로 통일한다. 우리는 하늘에 떠있는 무수히 흩어져 있는 물체를 별로 개념화하고, 그 별들 중에 몇 개를 관념으로 통일해 북두칠성(北斗七星)이라는 이름을 붙인다. 현상세계는 그렇게 하여 성립된다. 개념은 실체를 근거로 하지만 관념은 상상력(想像力)의 소산(所産)이다.

감각적 직관은 사유思惟, 논증을 거치지 않고 곧바로 사물의 본질, 본성(물자체)을 포착捕捉, 인지認知하는 능력을 갖는다. 그러나 그것을 자각自覺하지는 못한다. 체르바츠키는 감각적 직관 외에 감각이기도 하고 이성理性이기도 한 지성적知性的 직관의 존재를 상정想定한다.

이 지성적知性的 직관은 본성에 대한 단순한 인지에 그치지 않고 그것을 자각할 수 있다. 그것은 바로 반야바라밀이다. 그리고 사물의 본성을 자각하는 것은 곧 '깨달음'이다.

윗글의 요지要旨는 실재는 감관에 의해서 인지되고 그것의 관계와 특징自相은 지성知性에 의해 구성된다는 것이다.

총카파는 도차제론에서 '색色 등이 감관지感官知에 자상自相으로서 현현하는 것으로, 자상自相에 대해서는 양量이 아니지만 색 등에 대해서는 그것을 설정하는 양量일 수 있다.'고 한다.

이 말은 실재가 감관지(감각적 직관)에 현상세계로 드러났을 때(인지했을 때) 그 감관지는 현상세계自相를 이해, 설명하는 바른 인식量일 수는 없지만, 실재가 존재한다는 사실에 대해서는 바른 인식일 수는 있다는 것이다.

1.2. 이제(二諦)의 관계

중론中論에서는 '만일 승의와 세속 이제二諦를 있는 그대로 분별하지 못한다면 심오한 불법佛法에서 진실한 뜻을 알지 못한다. 그리고 모든 부처님께서는 이제에 의거하여 중생

을 위해 설하신다.'고 한다.(관사제품 9게송)

 중관파는 두 가지 진리二諦의 이론을 체계적으로 정리함으로써 불교경전들과 이론들을 종합 정리하는데 있어 조리條理있게 적용하였다.

 모든 법성을 가진 인식되는 대상所知은 세속제와 승의제를 구분하는 토대土臺로서, 그 대상所知의 본질에 세속과 승의의 본성 둘이 있다. 이제二諦는 동일한 대상에 배제排除하는 것이 다른 것으로, 따라서 세속이 없으면 승의가 없고 승의가 없으면 세속도 없다.

 예를 들면 병甁에도 세속과 승의 두 가지 상相이 존재한다. 언설言說(말한 바, 常識)로 존재하는 것은 세속이고, '자성自性이 빈 것'은 승의다.

 유식학의 관점에서 보면 세속제의 대상은 말나식識이 주도하는 일체 세간世間이고, 승의제의 대상은 말나식이 전변轉變한 평등성지平等性智의 경계 즉 성자聖者의 선정禪定의 경지, 출세간出世間이다.

 승의제勝義諦는 출세간의 차원에서 '세상의 모든 존재는 일체가 공空'하며 그것을 자각하는 것이 올바른 진리라는 것이다. 따라서 진제眞諦라고도 한다.

 그러나 세속제世俗諦는 일체 법이 비록 공空하지만 세간의 차원에서는 서로 연기緣起하여 상대적인 세계가 이루어지므로 유有를 인정하는 것이 진리라는 것이다.

 '중론' 24 관사제품觀四諦品에는 - 8, 9, 10게송偈頌

1. 모든 부처님께서는 이제(二諦)에 의거하여 중생을 위해 설법하신다. 첫째는 세속제이며, 둘째는 승의제이다. (諸佛依二諦 爲衆生說 一以世諦 二勝義諦) - 8게

2. 만일 사람이 이제를 분별함을 알 수 없다면, 심오한 불법에서 진실한 뜻을 알지 못한다. (若人不能知 分別於二諦 則於沈佛法 不知眞實義) - 9게

3. 만일 속제에 의거하지 않는다면 승의제를 얻을 수 없으며, 승의제를 얻지 못하면 열반을 얻을 수 없다. (若不依俗諦 不得勝義諦 不得勝義諦 則不得涅槃) - 10게

이는 이제二諦의 불가분성不可分性과 이를 이해하는 순서를 밝힌 것으로 먼저 세속제를 이해해야 하며 그러고 나서 출세간의 가장 높고 깊은 승의제를 이해하여야 열반을 증득할 수 있다는 것이다.

이제론二諦論은 대승불교와 선종禪宗의 차이를 드러낸다. 현실 세계를 중시하는 대승불교는 이제론을 제시하며 세속제를 적극적으로 받아들인다. 그러나 승의제와 세속제가 하나로 통합된 화엄세계에는 세속제가 따로 성립될 수 없다.

대승불교의 이상理想은 가장 깊이 세간사世間事에 간여干與해 들어갈 것을 요구한다. 같은 맥락脈絡에서 보살菩薩의 이상은 속계俗界의 실재성을 인정하는데 기초해 있다. 달리 말

하면 '세간을 버리고 세간에 나는 것出世間이 아니라 세간에 들어 세간에 나는' 것이 대승大乘의 이상이다.

그러나 아이러니irony하게도 이제론을 설파說破한 중론中論에서는 승의제의 관점에서 세속을 부정하고 있다. 즉 승의제를 강조하고 있다.

우리는 이미 세속世俗에서 낳아졌고 '정리定理(勝義諦)에 의해 부정否定되지 않는 한 매혹적魅惑的인 세속'에서 살고 있다. 세속에서는 인법人法(인간과 사물)이 실재實在할뿐 아니라 고정固定되어 있다고 본다. *주4

그렇기 때문에 인간은 소유所有의 주체가 되고 사물은 소유의 대상이 된다. 그리고 인간은 소유욕에 이끌려 그 세속에 집착하며 살고 있다. 집착은 모든 고통의 근원根源이고 따라서 승의제는 강조되고 있다.

2절. 서양철학에서의 이제론

2.1. 이제관계의 흐름

서양철학에서는 초월적인 신앙(信仰)과 이성적(理性的) 진리를 대립관계로 보기 때문에 그들 사이의 갈등(葛藤-Dilemma)에서 벗어나지 못하였다.

---

4   세속(현실세계)는 '있는 그대로의 사물'에 지성(知性-槪念)이 개입, 개념화한 것이다. 사물을 개념화(槪念化) 한다는 것은 항상 변화하는 흐르는 사물을 고정(固定)시켜 자기 앞에 세워놓고 그 특성을 정의(定義)한다는 것이다. 이를 베르그송은 '시간의 공간화'라 한다.

오캄William of Ockham(1287-1347)은 '시공時空을 초월한 보편자普遍者, 보편적 존재의 실재實在를 부정하고, 존재하는 것은 개별자個別者밖에 없으며 개별자들 사이의 공통적인 것은 오로지 이름뿐이라고 주장하는 유명론자唯名論者였지만 그는 유신론자였다.

그는 같은 시공을 초월한 보편자라도 신神은 거기에 포함시키지 않는다. 그가 말하는 보편자普遍者는 이성적 추리에 의한 것으로 신의 존재는 이성의 대상이 아니라는 것이다. 즉 이성은 이성이고 신앙은 신앙이라는 것이다. 따라서 그는 아무런 벌罰도 받지 않았다.

그러나 갈릴레이 갈릴레오Galileo Galilei (1564-1642)는 기독교 진리인 천동설天動說을 부정하고 과학적 진리인 지동설地動說을 주장하였고, 그 때문에 단죄斷罪받았다. 그 역시 유신론자였다.

오캄의 주장은 그것이 철학적 의사意思표현으로 그 영향은 간접적이었고 그 대상 역시 제한적이었으나 갈릴레오의 경우는 해가 뜨고 지는 일상적 생활과 직결되었기 때문에 직접적이고 대중적이었다.

2.2. 칸트의 순수이성과 실천이성

칸트Immanuel Kant(1724-1804)는 신神의 존재 증명을 부정否定하는 순수이성純粹理性의 영역領域과 그것을 인정하는 실천이성實踐理性의 영역을 엄격히 구분하였다.

칸트는 자신의 저서著書인 '순수이성비판'을 통하여 형이상자로서의 신神의 존재증명에 대해 그것이 이성理性의 한계 밖임을 밝혔으나, '실천이성비판'에서는 신神의 존재는 이성이 아니라 도덕적 실천의식에 의해서만 증명된다고 하였다. 이는 신앙信仰과 이성理性사이의 괴리乖離이다.

실천이성의 근거는 앎理性이 아니라 논증을 필요로 하지 않는 정언명령定言命令이다. 그것은 '너의 준칙準則이 보편적 법칙으로 될 그러한 준칙에 따라 행동하라.' 또는 '모든 사람의 인격 속에 존재하는 인간성을 결코 수단으로 대하지 말라'와 같은 도덕적 요구이다.

그러나 순수이성은 신神의 존재는 증명할 수 없지만, 현상세계에 대한 보편적, 필연적, 확실성을 지닌 인식 즉 선험적 종합인식綜合認識이 가능하다고 하였다. 다른 말로 하면 진정한 의미의 세속제가 가능하다는 것이다. 그런 의미에서 그는 이제二諦를 인정하는 철학자였다.

선험적 종합인식에 대해 칸트는 경험은 우리에게 어떤 것이 그러한 상태에 있다는 것을 가르쳐주지만 그것의 필연성을 가르쳐주지는 못한다. 어떤 인식이 보편적, 필연적, 확실성을 지니기 위해서는 경험적 확실성이 아니라 반드시 추상적 범주範疇에 근거해야 한다. 왜냐하면 범주는 경험의 일반성一般性을 가능하게 하는 조건들이기 때문에 그에 따른 인식은 보편성과 그 필연성을 갖는다.

그렇게 하여 그는 경험론의 한계를 넘어섰고, 동시에 그것이 현상세계에 한정된다고 하여 신神의 존재증명을 부정하였다. 그는 신의 존재증명이 이성에 의해 가능하다고 하는 데카르트나 라이프니츠의 절대이성에 반대하였다. 그러나 칸트는 유신론자였다.

2.3. 이제론의 성립

서양철학에서는 니체Nietzsche의 '신神은 죽었다.'라는 선언宣言에 이르기까지 신神, 신앙의 진리는 절대적이었다. 철학사상사에서 이 선언은 결국 두 가지 진리를 공존共存케 하는 시점始點이 되었다.

그는 초감성적超感性的인 세계가 몰락한 그때 감성의 세계(현실)는 본래적이고 하나뿐인 참된 세계로 드러난다. 그러한 이유에서 근본가치는 존재자(현실세계) 그 자체로부터 획득되어져야만 한다고 주장하였다. 이렇게 하여 현실적 진리가 설 근거는 마련되었다.

하이데거Martin Heidegger는 그러한 근거에서 존재存在와 존재자存在者를 구별하는 형이상학을 설립하였는데, 이 구별은 존재와 존재자가 동등한 지위地位에 서있음을 전제한 것이다. 이는 이제설二諦說을 철학적으로 정리한 것이다.

하이데거는 이 구별을 '끊임없이 존재자로부터 존재에로, 존재로부터 존재자에로 이끄는 길'이라고 한다. 따라서 그는 이 구별을 존재와 존재자 간의 중재仲裁라고도 표현한다. 중재Austrag는 양자가 서로로부터 서로에게 나름

Auseinanddertrag beider zueinander이라는 의미이다. 이를 불교에서는 이제二諦의 불가분성不可分性이라 한 것이다.

그는 차연差延이라는 용어를 사용하는데 차연은 논길의 이랑과 고랑 사이로 서로가 서로를 돕는 관계이다. 대소大小와 같은 대대적待對的 관계에서 대大는 소小가 있음으로 비로소 대大의 의미를 갖게 된다. 차연은 이보다 더 긍정적으로 서로가 서로를 돕는 관계라는 것이다. °주 5

2.4. 이제론과 현대과학자들

아인슈타인Einstein은 '종교 없는 과학은 절름발이이며, 과학 없는 종교는 장님이다.'라고 하였다. 이는 이제론을 말한 것이다.

그는 오묘한 자연계의 현상에 대해 '신神은 주사위 놀이를 하지 않는다. 우리에게는 주사위 놀이일지언정 신神에게는 아니다.'라 하여 자연계의 창조創造가 말씀Logos 즉 신神의 섭리攝理에 의한 것임을 시사示唆했다.

따라서 자연계에는 법칙이 있고 그 법칙 즉 과학적 진리는 타당한 것이다. 그러므로 신神과 과학이 공존하는 것은 당연하다.

스티븐 호킹Stephen William Hawking은 '우리는 여전히 어떤 초자연적 존재가 일련의 법칙을 가지고 사건을 결정한다고

---

5   이와는 반대로 헤겔철학의 변증법에서는 대/소로 대립된 것 중에 대는 소의 부정으로 성립되고 그 역(逆)도 마찬가지이다.

상상想像해 볼 수 있다. 이 초자연적 존재는 우주의 현상태를 어지럽히지 않으면서도 그것을 관찰할 수 있는 존재다.'라고 하여 신神의 현존現存을 암시하였다. 그는 대폭발Big Bang을 설명하려면 신을 말할 수밖에 없다는 입장이었다.

프랜시스 콜린스Francis Collins *주 6는 다음과 같이 말한다.

'우리는 과학이 신(神)을 위협한다는 판단에 따라 자연에 대한 더 많은 정보를 얻을 가능성과 과학이 인류의 고통 완화와 행복 증진에 기여할 가능성을 포기해야 될까? 아니면 과학으로 영적(靈的)인 삶은 더 이상 필요 없어졌으며, 우리 제단(祭壇)에 놓인 전통적인 종교적 상징은 이제 이중나선(二重螺線) 구조, 조각(DNA)으로 대체될 수 있다는 결론을 내린 채 신앙에 등을 돌리게 될까? 둘 다 진실을 거부한다. 둘 다 인류의 고귀함을 깎아내릴 것이다.'라고 하여 이제론의 정당성을 주장하였다.

그는 '신성神聖한 것을 원하는 인간이 경험하는 보편적이면서도 알다가도 모를 갈망渴望의 정체는 무엇인가? 적절한 수용가受容價에 정확히 도달한, 그래서 뇌의 어느 부분에 깊숙이 전파를 쏘아 보낸 신경전달물질의 조합일 뿐일까?'라고 하였다.

---

6 전(全)미국 국립인간게놈(Genome-유전체) 연구소 소장으로 그는 2000년 최초로 인간게놈의 완성된 초안 즉 우리 몸의 설계도 초안을 백악관에서 발표하였다.

이는 칸트의 도덕적道德的 요구와는 달리 갈망渴望 즉 심리적心理的 요구에 따라 신神의 존재를 인정하려 한 것으로써 신의 문제를 심리학적으로 접근하려 하는 시대 흐름의 결과에 따른 것이기도 하다.

2장 승의(勝義)의 정리(定理)

승의의 정리는 그 목적이 실제를 부정하는 데 있지 않고 그에 대한 개념, 관념을 부정하는 것이다. 불교의 주요^{主要}한 승의^{勝義}의 정리에는 사구부정^{四句否定} 외에도 상속^{相續}의 부정^{否定}과 이일다성^{離一多性}의 논증인^{論證因}이 있다.

1절. 사구부정(四句否定)
1.1. 자(自)·타(他), 자타쌍방(自他雙方), 비인(非因)

이는 근본불교에서부터 있어 왔던 사구부정^{四句否定}의 변형^{變形}이다. 반야경^{般若經}의 불생불멸^{不生不滅}에 대해 '중론' 관인연품^{觀因緣品} 3게송^偈에서 다음과 같이 논증^{論證}한다.

    모든 법은 스스로 생겨나는 것도 아니고, 다른 것으로부터 생하는 것도 아니며, 그 양자에게서 함께 생하는 것도 아니고, 아무 원인 없이 생하는 것도 아니다. 그러므로 무생임을 알아라^{諸法不自生 亦不從他生 不共不無因 是故知無生}라고 한다.

    1) 자기로부터 생기(生起)하지 않는다. 왜냐하면 이미 생기한 것(자기)으로부터 생기할 경우 이미 자기라는

본성이 성립해 있기에 그것을 다시 생기할 필요가 없다. 또한 어느 때도 생기하기 때문에 (생기가) 무궁(無窮)해 진다. 반대로 생기하지 않은 것으로부터 생기한다면 '토끼의 뿔'과 '석녀(石女)의 아들'도 생기게 된다.

2) 타자로부터 생기하지 않는다. 왜냐하면 여기서 타자는 자기 이외의 모든 존재 즉 일체(一切)이고, 일체로부터 일체가 생긴다는 것은 과실(過失)이다. 일체(一切)로부터(원인) 일체가 생긴다는(결과) 것은 원인과 결과가 동일하다는 것으로 이를 아리스토텔레스는 그의 '논리학'에서 제일 원인(第一 原因)이라고 한다. 기독교식으로 말하면 신(神)이다.

3) 쌍방으로부터 생기하지 않는다. 왜냐하면 이는 위의 양쪽의 과실(過失)을 범한다.

4) 비인(非因)으로부터 생기지 않는다. 왜냐하면 비인이면 어떤 것에도 의존(依存)하지 않기 때문에 항상 생기는 것이 되어 모든 것이 영원하다는 말이 된다. 사실 원인이 없으면 결과도 없다.

이처럼 불생(不生)이라면 불멸(不滅)이 어떻게 가능하겠는가?

1.2. 사구부정(四句否定)

'4구부정'의 구조는

> 1. 있는 것도 아니고
> 2. 없는 것도 아니며
> 3. 있기도 하고 없기도 한 것도 아니고,
> 4. 있지도 않고 없지도 않은 것도 아니다.'라고 하여
> 4구 모두 부정으로 짜여있다.

제 3구 즉 '있기도 하고 없기도 한 것도 아니다.'는 중도中道를 끌어내는 논리로, 이 논리는 '중론'에 일관하고 있다.

제 3구는 있음(이다)과 없음(아니다) 양자에 대한 부정否定으로 거기에는 아직 '있음'과 '없음'이라는 부정대상이 존재한다. 그럼으로 언어言語의 대상이 된다.

그리고 제 4구는 제 3구가 희론戱論이라 하여 이를 부정하는 것으로 거기에는 부정대상도 없고 그것을 분별·인식하는 언어행위도 존재할 수 없다. *주1

그러나 제 4구는, 제 3구에서 이미 범犯한 배중율排中律의 무시 내지 초월을 다시 범하는 것으로, 이는 논리로 무엇을 결정하는 것이 아니라 논리를 넘어선 것이다.

배중율이란 어떤 명제命題도 참이거나 거짓일 뿐 그 중간은 없다는 것으로, 무도 아니고 유도 아니라는 '중도中道' 역시 이미 배중율을 무시 내지 넘어서 있다. 그러한 배중율을

하나의 상황에 대해 반복적으로 적용시키는 것은 논리 즉 사물의 이치를 논리적으로 해명하기를 거부拒否한 것이다.

사실 '중도'와 같은 제 3구에서의 부정은 그 부정에 반대되는 긍정 가능성에 대한 충분한 고려考慮가 있은 다음, 중관학파로는 논리적 사유가 그 극한에 이르러 논리로부터 해방된 직관慧眼에 따른 부정이다. 따라서 제 4구는 논리적 관점에서 보면 그것 자체가 오히려 희론戲論이라고 할 수 있다. °주2

2절. 상속(相續)의 부정(否定)

상속이란 순간순간 달라지는 상태들을 통합하여 독립된 하나의 사물, 상태로 인지認知하는 의식작용을 의미한다. 현상세계는 이 상속의 원리에 따라 긍정된다.

불교에서 상속相續은 무생기無生起 °주3 라는 승의의 세계와 현상으로 드러난 세속을 연결시켜주는 논리로, 예를 들면 불

---

1 옛 선시(禪詩)에 '작년의 가난은 가난도 아니었네, 작년에는 송곳 하나 꽂을 땅도 없는데, 오해는 송곳마저 없네.'에서 송곳은 심(心)이고 땅은 심소(心所)이다. 3구에는 언어의 대상 즉 심소가 있지만 4구에는 심소도 없고 그것을 분별하는 심(心)도 없다.

2 4구부정 대신에 '1. 있다. 2. 없다. 3. 있기도 하고 없기도 하다. 4. 있는 것도 아니고 없는 것도 아니다.'라는 4구논리가 있는데 여기서는 제 4구가 중도이다. 이는 자립논증이지만 불교, 용수는 귀류논증파이기 때문에 '중론'을 말할 때는 4구부정의 논리로 이해하는 것이 적합하다. 공(空)을 논증하는 데는 4구부정만이 가능하다. 공(空)은 부재(不在)로 존재한다(숨어 있다. Schlier des Seins).

3 무생기는 사물의 존재는 연기에 의한 것일 뿐 자성(自性-스스로 존재하는 능력)으로 생기하는 것이 아니라는 것으로, 그것이 바로 무존재를 의미하지 않는다. 불교에서 항상 그러하듯 상대부정이다.

교의 핵심교리인 무아無我(勝義)와 윤회輪回(世俗)간의 모순을 해결해 준다. 무아 즉 자아가 없다면 윤회는 그 대상이 없기에 성립할 수 없다. 상속은 그 대상(사물)이 붕괴되지 않고 형태를 유지, 지속하는 논리이기에 윤회 역시 성립가능하다.

2.1. 상속부정(否定)의 논리

중론中論에서는 상속에 대해 다음과 같이 설명한다,

> 등불은 항상 새로운 기름을 태우고 있지만, 등불의 불꽃은 계속되는 것같이 보인다. 그러나 소멸한 존재(이미 타버린 기름)는 다시 생(生)하지 않을 테니 원인이 단절된 꼴이다. 만일 이렇게 원인이 결과와 단절되어 있으면 어떻게 상속이 존재하겠는가? 그러므로 상속은 전도(顚倒)된 어리석음으로서 존재하는 것이고 실제로는 존재하지 않는다.

중론 관성괴품觀成壞品에서는 이를 다음과 같이 논증한다. 상속은 생멸간의 상속으로 그는 먼저 생멸 자체를 부정한다.

> 생성(生成)을 떠나건 생성과 함께하건 그중에 괴멸은 없다. 괴멸을 떠나건 괴멸과 함께하건 그중에도 역시 생성은 없다. (離成及共成 是中無有壞 離壞及共壞 是中亦無成) - 1 게(偈)

만일 생성을 떠난다면 어떻게 괴멸이 존재하겠는가? 탄생을 떠나 죽음이 존재한다는 것처럼 이것은 옳지 못하다. (若離於成者 云何而有壞 如離生有死 是事則不然) -2게

생성과 괴멸이 함께 존재한다면 어떻게 생성과 괴멸이 존재하겠는가? 마치 세간에서 생(生)과 사(死)가 동시에 함께하는 것이 옳지 않은 경우에서 보듯이 (成壞共有者 云何有成壞 如世間生死 一時俱不然) - 3게

그리고 4, 5게에서는 같은 논리로 괴멸을 설명한다.

'만일 생성이나 괴멸을 떠난다면 이때도 역시 사물은 존재하지 않는다. 만일 사물을 떠난다면 역시 생성이나 괴멸은 존재하지 않는다(若離於成壞 是亦無有法 若當離於法 亦無有成壞).' - 7게 *주4

이렇게 부정(否定)된 생성과 괴멸이 성립하는 근거는 상속이다. 따라서 상속을 부정해야 생멸도 부정할 수 있다.

---

4   여기서 앞의 '생성이나 괴멸을 떠난다.'는 불생불멸(不生不滅)로서 본성(本性)이고 뒤의 '사물을 떠난다.'의 사물은 제법(諸法)이다. 앞은 본성(本性-勝義諦)이고 뒤는 상(相-世俗諦)이다.

만일 원인과 결과의 생멸(生滅)이 상속되어 끊어지지 않는다면 소멸한 것은 다시 생하지 않으므로 원인은 단멸되고 만다. (若因果生滅 相續而不斷 滅更不生故 因卽爲斷滅) - 15게

만일 처음의 생존이 소멸하는 순간에 나중의 생존이 발생하는 것이라면 소멸하는 순간이 하나의 생존이고 발생하는 순간이 (다른)하나의 생존이(라는 오류에 빠지게) 된다. (若初有滅時 而後有生者 滅時是一者 生時是一者) - 18게

만일 발생과 소멸이 동시에 있다고 한다면 이 오음(五陰)에서 죽어 (같은)이 오음에서 생(生)하는 꼴이 된다. (若言於生滅 而謂一時者 則於此陰死 卽於此陰生) - 19게

이 게송들은 찰나설剎那說에 근거를 두고 있다.

모든 존재(생성)는 마치 물이 흐르는 것과 같이 하여 흘러가 버린다(소멸). 이 사실(흐름)은 취取할 수도 말할 수도 없다. 따라서 지금 이 순간이 생성 또는 소멸되는 순간이라고 분별하여 말할 수 없다. 이 게송들의 취지趣旨는 사물을 고정화시키는 개념, 언어에 대한 불신不信, 부정否定이다.

'삼세(과거·현재·미래)중에 생존이 상속하는 것은 포착

되지 않는다. 만일 삼세(三世)중에 존재하지 않는다면 어떻게 생존의 상속이 존재하겠는가?' (三世中求有 相續不可得 若三世中無 何有有相續) - 20게

씨앗이 싹이 되는 과정에서처럼 사물은 매 찰나마다 다르고, 다른 두 찰나에 걸쳐있는 사물은 동일한 사물이 아니다. 다만 상속에 의해 동일한 사물로 오해하고 있을 뿐이다. 생존의 상속은 모두 전도된 어리석음으로부터 존재하는 것이고 실제로는 존재하지 않는다. 상속은 의타기성依他起性으로 존재하는 사물에 대한 다만 인간의 주관적인 인식일 뿐이다.

2.2. 상속 긍정의 존재론적 근거

불교에서의 상속은 그 근원根源 즉 존재론이 비실재론非實在論 즉 찰나설刹那說이기에 가능하다. 찰나설에 따르면 세상은 무수無數한 찰나적 존재의 집합체이다.

찰나설은 자신 속에 끊임없이 자기를 소멸하는 자기차이성自己差異性(self difference)을 본질로 한다. 이것이 자기동일성自己同一性(self identity)을 본질로 하는 실재론實在論과의 차이差異다.

실재론實在論에서의 상속은 자기동일성自己同一性의 지속持續으로 이는 끊임없는 자기반복自己反復이다. 그러나 흐르는 물은 되돌아오지 않는다. 따라서 그러한 지속은 감각 그 자체에 의해 보증될 수 없고, 다만 상상想像의 구성이다.

하지만 현실적 존재가 생성하자마자 소멸한다는 찰나설은 자신 속에 끊임없이 자기를 소멸하는 자기차이성自己差異性이 내재內在하기 때문에 상속(지속)은 가능하다. 왜냐하면 자기차이성의 연속은 새로운 것의 등장이기에 운동하는 실제이다. 나는 항상 새로운 숨을 쉰다.

2.3. 현실긍정으로서의 상속

찰나적 존재는 존재의 근원, 본성에 해당하는 것으로 불교의 공空이라 할 수 있다.

찰나적 존재가 현상세계를 구성하려면 전찰나前刹那와 후찰나後刹那 사이의 상속相續이 이루어져야 한다. 따라서 삼세실유三世實有를 주장하는 설일체유부說日切有部에서는 상속을 적극적으로 인정한다.

유식학에서는 상속의 주체인 찰나적 존재를 종자種子라는 개념으로 바꾼다. 그 종자는 실체성實體性 없는 힘의 집합으로, 심의식心意識이 저장된 알라야식識으로 정의定意된다. 그리고 상속은 전찰나와 후찰나 사이의 인연因緣이 가능토록 한다.

종자種子가 현행現行하기 위해서는 인연因緣이 필요하다. 종자는 씨앗과 같은 것이고 이는 흙, 물 햇빛과 같은 연緣의 도움 없이는 발아發芽할 수 없다. 그리고 그 연(인연因緣, 등무간연等無間緣, 소연연所然緣 그리고 증상연增上緣)들 중에 등무간연은 인식 과정에서 앞생각이 뒷생각으로 이행移行 할 때

단절 없이 이끌어서 생生하게 하는 작용을 말하는데, 그것은 상속을 전제한 것이다.

　　대상에 대한 인식은 나눌 수없는 찰나의 인식과 그것이 상속되는 것이지만 인간은 인식의 상속에 의해 그것을 현상세계라고 인정한다. 승의 관점에서 보면 순간순간 달라지는 상태들 속을 관통하고 있는 자기동일성自己同一性은 부정된다. 강물이 흐르는 경우에 그것은 같은 물의 흐름으로 보이지만 언제나 새로운 물이 앞의 물을 밀어내며 흐르는 것이다. 등불이 계속 켜져 있는 경우 그것이 하나의 불꽃인 것처럼 보이지만 실제는 계속 다른 기름을 태우며 새롭게 타오르는 것이다.

　　중생도 원래는 오온五蘊이 끊임 없이 상속하는 것인데 개체성을 가진 하나의 인간인 것처럼 착각한다. 영화映畵의 한 컷*주5은 다음 컷과는 독립되어 있지만 그것에서 스토리를 읽어내는 것은 의식의 상속에 따른 것이다. 즉 상속이 그 한 컷들을 모은 것을 한 편의 영화가 되게 한다.

　　현상계(제법, 세속)는 상속의 원리를 긍정하지 않고는 존재할 수 없다. 다시 말해 상속은 현상을 현상이게 하는 근본원리로 연기론은 상속을 전제하지 않고는 성립될 수 없는, 연기론의 근거이다.

5　　이 한 컷은 찰나적 존재로 진실 된 순간이다. 퓰리처(Pulitzer) 사진상(寫眞賞)은 그것이 찰나적 진실을 담고 있기 때문에 의미를 부여한다. 더불어 그에 대한 기사(記寫)는 의식(意識)이 가미(加味)되었기 때문에 아무리 엄격하게 다루었다 하더라도 그것은 진실 자체일 수는 없다.

2.4. 이일다성(離一多性)의 논증인(論證因)

이일다성의 논증인은 불교 인명학因明學을 확립한 디그나가陳那(480?-540?)에 의해 제시되었고, 다르마키르티 Dharmakirti(法稱 6, 7세기)에 의해 정교하게 정리되었다. 그리고 후기 중관학파인 산타라크쉬타寂護 등에 의해 계승, 발전되었다.

다르마키르티는 그의 논리학에서 '실체는 단일성單一性만을 가지고 있는가 아니면 다자성多自性을 가지고 있는가?'라는 문제에 대해 '두 가지 이상의 상반된 성질이 부가附加되어 있는 것은 하나가 아니다.'라고 하였다. 그는 각각의 실체는 단 하나의 성질만을 갖는다고 하여 다자성을 부인하였다. 이것이 이일다성의 원리이다.

중관학파는 다르마키르티의 인명학을 기점으로 전기前期와 후기後期로 나누기도 하는데, 이는 산타라크쉬타를 비롯한 후기 중관학파에서는 거의 모두가 공성空性 즉 무아無我, 무자성無自性을 논증하는데 이일다성의 논증인을 차용借用하기 때문이다.

'이일다성의 논증인'의 주요한 장점은 단 하나의 간단명료簡單明瞭한 논증식에 의해 일체법의 공성空性을 증명하는 것이다. 예例를 들면 아트만自我은 변화하는 부분(오온)과 변화하지 않는 다른 부분(영혼)으로 구성되어 있다고 한다. 이는 하나의 동일 실체에 서로 다른 성질을 가진 두 가지가 함께하는 꼴이 된다. 그러므로 자아는 부정無我된다. 그리고 무아가 곧 공^{空}이다.

다음은 불생불멸^{不生不滅}에 대한 이일다성의 논증이다. 사물과 사건은 원인과 조건이 만나 이루어진 결과로만 생기^{生起}하며 공성은 그 인과법칙을 가능케 한다. 그것을 공능^{空能}이라고 한다. 그러나 공성이 공능^{功能}할 수 있기 위해서는 보조인^{補助因}(緣)이 있어야 한다. 예를 들어 씨앗이 싹을 틔우기 위해서는 토양, 햇빛이나 물 같은 환경조건(보조인)이 있어야만 한다. 보조인이 작용하지 않는 상태로 존재한다면 그 어떤 결과도 초래되지 않을 것이다.

씨앗은 그 자체로서의 성질이고, 싹은 보조인들에 대해 반응한 결과 바뀐 성질이다. 그러나 만일 씨앗이 보조인에 의해 변형^{變形}된 것이 싹이라면, 씨앗은 그 자신의 필수불가결한 부분으로서 싹이라는 변형을 이미 소유하고 있어야 한다. 따라서 이일다성의 원리에 의해 싹의 생기는 부정된다.

이와 같은 논리는 생성과정에서 뿐만 아니라 쇠락과 소멸에 대해서도 똑같은 결론이 주장될 수 있다. 우리는 일반적으로 쇠락과 소멸이 외부의 보조인^{補助因}에 의해 점차적으로 이루어진다고 생각한다. 그러나 만일 사물이 스스로 소멸될 수 없다면 아무리 엄청난 외부의 영향이 있어도 그에 대해 영향을 끼칠 수 없음은 물론, 완전한 무^{無}로 환원시킬 수는 더더욱 없다. 따라서 생^{生}과 마찬가지로 멸^{滅}도 없다.

이일다성^{離一多性}의 논증인^{論證因}에 따른 결론은 존재, 생기의 부정이다. 바꿔 말하면 모든 존재는 자성^{自性}이 없다는 것이다. 중관학파에서는 무자성이기 때문에 공空이라고 한다.

상속相續의 부정이 사물의 연속성에 대한 부정을 통해 자성적自性的존재를 부정한 것이라면, 이일다성의 논증은 두 개의 동시적 존재의 부정을 통해 자성을 부정한다. 동시적 존재의 부정은 곧 생성, 변화의 부정이다. 전자는 시간, 후자는 공간 개념을 적용한 것이다.

칸트는 시간과 공간은 현상세계의 틀이라고 한다. 즉 현상은 시간과 공간 안에서만(의해서만) 가능하다는 것이다. 그런데 상속의 부정은 흐름을 본질로 하는 시간에서 '흐름'을 그리고 이일다성 논증인은 변화하는 공간에서는 '변화'를 부정함으로써 현상세계의 생기生起를 부정한 것이다.

자성을 부정하는 이 논증인은 결과적으로 불교의 중심 개념인 연기를 논증하는 것이다. 만일 영구불변한 자성을 부정하지 않으면 즉 자성을 인정하면 연기가 불가능하다.

2장. 승의(勝義)의 정리(定理)

3장   중론(中論) 읽기

1절. 개론(概論)

'중론中論'은 반야경般若經에서 정언적定言的으로 설說한 공空사상을 논리적으로 해명解明하는 논서論書로, 공空·중도中道의 관점에서 불교의 거의 모든 교의敎義와 교리敎理를 논증論證함으로써 중관학파 더 나아가 대승불교의 근본을 세웠다.

반야심경에서는 공空의 관점에서 현상세계뿐 아니라 개념화된 12연기나 사성제 같은 진리 역시 부정한다. *주1 그 이유理由는 '환영幻影과 같은 것으로만 생기生起하는' 현상세계를 진실한 세계로 오해誤解하여 그에 집착하는 것으로부터 벗어나기 위함이고, 다른 하나는 언어화言語化(觀念化)된 불교의 진리에 대한 부정을 통해 해탈을 이루려는 것이다.

불교에서의 해탈은 현실세계로부터의 초탈超脫이 아니라 개념, 관념으로부터의 해탈이다. 이언진여以言眞如로서의 불교철학에서 관념은 불가피하다. 그러나 메뉴를 진짜 음식으로 알고 그에 집착하는 것은 무지無知이다.

중관학파는 반야경의 공空사상을 근거로 하지만 부파불교의 현실긍정의 관점 역시 포섭하는 중도中道를 표방標榜하고 있다. 따라서 '중론中論'에서의 부정否定은 현실존재를 즉자적으로 긍정하는 것이 아니라 (空-승의에 의한)절대부정을 경과한 후에 긍정하려는 의도意圖를 갖고 있다.

'중론' 첫 품품인 관인연품觀因緣品은 연기緣起팔불八不(不生不滅, 不常不斷, 不一不異, 不來不出)로부터 시작하는데 이 팔불은 공空의 관점에서 본 현상세계의 진실한 모습이다. °주2

'중론'은 공空(法性)의 관점에서 인연因緣, 거래去來(運動, 變化), 오음五陰 등 현상세계現象世界를 부정否定하는데 이는 단순한 부정이 아니라 현상세계를 성상性相의 관계로 이해함으로써 현상세계의 진실을 드러내고자 한 것이다.

중론의 논리적 본질은 모든 사물, 사건을 성상性相 즉 법성과 현상의 관계로 보는데 있다. 성상性相의 관점에서 보면 성상은 차연差延의 관계로, 성과 상을 차이(다름)의 관점에서는 상의 부정否定이지만 연장(같음)에서는 성性과 상相이 공존(긍정)한다. °주3

용수는 회쟁론廻諍論에서 논적論敵에게 '만일 법의 상태에

---

1 이는 반야심경에서의 불생불멸(不生不滅), 불구부정(不垢不淨), 부증불감(不增不減)이 공(空)자신의 성격인 것과 대비(對比)된다. 이는 중론이 현실세계의 본질을 이해하려는, 철저하게 현실중심인 것을 보여준다. 그것이 대승불교의 정신이다.

2 '공(空) 가운데는 실체가 없고 감각, 생각, 행동 의식도 없으며 눈, 귀, 코, 혀, 의식도 없으며, 색깔, 소리, 향기, 맛 감촉, 법도 없으며, 눈의 경계 내지 의식의 경계도 없다. 무명도 무명이 다함도 없으며 늙고 죽음도 늙고 죽음이 다함도 없다. 고집멸도도 없으며 지혜도 얻음도 없느니라(是故空中 無色 無受想行識 無眼耳鼻舌身意 無色聲香味觸法 無眼界 乃至無意識界 無無明亦無無明盡 乃至無老死無老死盡 無苦集滅道 無知亦無得).

대해 아는 자^者들이 선^善한 법들에는 선^善한 자성이 있다.'고 말한다면 이는 법(제법, 현상)과 자성^{自性}^{法性}을 나누어서 설명하는 것이리라(52 게)고 한다. 이는 옳지 않다는 것이 용수의 논리이다.

   그 이유에 대해 '만일 선^善한 자성(자기인 존재)이 다른 무엇에 연^緣하여 발생된다면 그것은 선^善한 법들에 소속된 타성^{他性}(남인 존재)이다. 그와 같다면 자성이 어떻게 존재하겠는가?'(53 게) 그러므로 선한 법과 선한 자성은 분리될 수 없다.

   중론에서는 성상이 다른 예^例, 같은 예 그리고 같기도 하고 다르기도 한 예를 함께 예시^{例示}하기 때문에 논리상의 반전^{反轉}이 계속된다.

> 중론(中論)의 관거래품(觀去來品) *주 4에는 '이미 가버린 것에는 가는 것이 없다. 아직 가지 않은 것에도 역시 가는 것이 없다. 이미 가버린 것과 아직 가지 않은 것을 떠나서 지금 가고 있는 중에도 가는 것은 없다(已去無有去 未去亦無去 離已巨未去 去時亦無去). - 1 게(偈)

   이 문장을 언어 구조의 관점에서 보면 '이미 가버린 것^{已去}', '아직 가지 않은 것^{未去}', '가고 있는 중인 것^{去時}'과 '가는 것이 없다(감이 아니다)(無去, 不去).'로 되어 있다.

   '이미 가버린 것^{已去}' 등은 현상적 움직임(현상)이고 '가는 것(감)'은 움직임의 실재 즉 본질(본성)이다. 즉 현상으로서의 '가는 것'과 본성인 '가는 것' 이 둘을 구별하고 본성의 관점에서 현상을 부정한 것이다. °주 5

중론 첫 품品인 관인연품觀因緣品 °주 6에서도 '성상의 논리는 보인다. 여기서는 연기론이 고정된 인과론因果論이 아님'을 논증한다.

> '결과는 연에서 생한다. 연이 아닌 것에서 생한다. 이처럼 연은 결과를 갖는다. 이처럼 연은 결과를 갖지 않는다(果爲從緣生 爲從非緣生 是緣爲有果 是緣爲無果). 이처럼 연(緣)은 결과를 갖기도 하고 갖지 않기도 하다.' - 6게 °주 7

3   성상(性相同)은 법성과 현상으로 법성은 3시법륜에서 공(空)의 드러난 모습이다. 3시법륜에서의 성상동체(性相同體)는 2시법륜에 속하는 반야경에서의 색즉시공(色卽是空)에 해당한다. 중론(中論)은 반야경을 근거로 하였기에 성상(性相)을 논하는 것은 부적절한 것 같지만 용수는 2시법륜과 3시법륜 모두를 설(說)하였다.
용수(龍樹)는 반야경의 공(空)사상을 받아들여 중론(中論)을 저술하였으나, 화엄경의 십지품(十地品)을 해설한 '십주비바사론(十住毘婆沙論)'이나 '보리자량론(普提資糧論)' 등에는 화엄사상이 설해졌다.

4   거래는 현상세계의 근본인 변화, 움직임을 대변(代辯)하기에 연기론 바로 다음에 다루었다.

5   이를 시간개념을 적용하여 과거, 현재, 미래는 존재하지 않기 때문에 '이미 가버린 것' 등은 부정된다고 해석되기도 하지만 이는 절대부정으로 대승불교의 취의(就義)에 맞지 않다.

6   이 품은 부처님이 가르쳐 주신 연기론(緣起論)에 대한 예찬(禮讚)으로 귀경게(歸敬揭)라고 한다.

도자기陶瓷器의 경우 진흙은 본성本性이고 도자기는 현상現象이다. 도자기 이전의 진흙은 그것이 도자기가 될지 아니면 벽돌이 될지 즉 도자기나 벽돌이라는 결과를 갖고 있지 않다.(부정) 그리고 그것을 가능하게 하는 것이 연緣이다.

그러나 진흙이라는 인因이 없으면 도자기나 벽돌이라는 결과도 없다. 그러므로 연緣에 의해 결과가 생긴다 해도, 아니라 해도 모두 옳다.

이를 '결과는 연으로부터 이루어지는 것도 아니고 연이 아닌 것으로부터 이루어지는 것도 아니다. (그러니 결과는 없다)결과가 없기 때문에 연이나 연이 아닌 것도 역시 없다(果不從緣生 不從非緣生 以果無有故 緣非緣亦無).'고 한 것이다. - 16게

'관오음품' 6게 역시 '만일 결과가 인因과 같다고 하면 이런 일은 옳지 않다. 만일 결과가 인과 같지 않다하면 이런 일도 역시 옳지 않다若果似於因 是事則不然 果若不似因 是事亦不然.'

---

7   이 게송 뒤에는 '이것으로 인하여 결과가 생(生)할 때 이것을 연이라고 부른다. 만일 그 결과가 아직 생하지 않았다면 어떻게 비연이라고 하지 않겠느냐?' (因是法生果 是法名爲緣 若是果未生 何不名非緣)- 7게
그리고 '연(緣) 속에 결과가 있다거나 또는 없다고 하는 것은 모두 부정 가능하다. 미리 없었다면 무엇을 위해 연이 되며, 미리 있었다면 연은 어디에 쓸 것인가?' (果先於緣中 有無俱不可 先無爲誰緣 先有何用緣)- 8게
이는 인중유과론과 인중무과론에 대한 부정으로 성상의 관계에서는 옳기도, 그르기도 하다.

이는 옷감을 예를 들면 실絲은 옷감(결과)의 본성이고 옷감은 실의 현상이다. 따라서 같기도 하고 다르기도 하다. 그리고 실이 옷감이 되게 하는 것이 길쌈이라는 연緣이다.

연기론緣起論은 단순히 이론적인 인연설因緣說(四緣說)이나 인과론因果論을 의미하는 것이 아니다. 오히려 공空(法性)과 현상現象을 연계시켜주는 연기론의 본질本質은 성상性相관계이다. 연기론이 부처님이 깨달으신 희유稀有의 진리眞理인 것은 이렇게 성상의 관계를 밝혀주기 때문이다

중론의 서술, 논리에는 긍정과 부정이 병립竝立한 예가 계속된다. 그것은 화엄사상에서처럼 승의勝義만이 아니라 세속 역시 성상의 관계의 한 축軸으로 이해하고 있기 때문이다.

중론에서는 공空을 논증하려고 한다. 즉 삼매무분별지의 경계境界를 '분별이 있는 인식論理'에 의해 논증하려는 시도試圖이다. 그러기 위해 논리적으로는 사구부정四句否定의 논증식을 그리고 언어방식言語方式으로는 메타언어적Meta言語的 기법技法을 사용하고 있다.

2절. 논증 방식

중론은 사구부정四句否定이라는 논리형식을 중심으로 하여, 상속相續의 부정 그리고 이제론二諦論을 필요한 경우에 따라 적절하게 사용하고 있다.

사구부정의 예例는 관인연품觀因緣品에서 볼 수 있다.

'모든 법은 스스로 생하는 것도 아니고 다른 것으로부터 생하는 것도 아니며, 그 양자에서 함께 생하는 것도 아니고 아무 원인 없이 생하는 것도 아니다. 그러므로 무생임을 알아라(諸法不自生 亦不從他生 不共不無因 是故知無生)- 3게(偈) 이는 사구부정의 논리로 현상세계(諸法)를 부정한 것이다.

2.1. 4구부정(四句否定)의 내용에 대해서는 승의 논리에서 이미 설명하였다.

4구부정의 정체正體, 목적은 근본적으로 사구부정은 1구와 2구만으로 구성되는 이분법적二分法的(Dichotomy) 사고방식, 흑백黑白논리에 대한 부정, 거부로 그러한 사고방식에 의해 형성된 개념과 이론들을 해체解體시키려는 목적을 갖고 있다. 그런 점에서 현대사상의 해체주의와 통한다.

중론中論은 제 1, 2구에서 제시된 명제를 제 3구를 통해 부정한다. 이러한 부정은 즉자적卽自的인, 단순한 부정이 아니라 그 부정에 반대되는 긍정 가능성에 대한 충분한 고려考慮가 있은 다음, 중관학파로는 논리적 사유가 그 극한에 이르러 논리로부터 해방된 직관慧眼에 따른 부정이다.

'중도中道'를 논증하는 제 3구부정은 형식논리의 배중율排中律을 넘어서 있다는 점에서 비非논리적이다. 그러나 그것은 근원적으로 형식논리의 한계성의 문제이지 사구부정의 논리가 부당하다는 의미는 전혀 아니다.

2.2. 형식논리의 한계

논리학에서는 1. 동일율同一律 2. 모순율矛盾律 3. 배중율排中律 4. 근거율根據律이라는 4개의 사유원칙을 제시하고 있다. 이 사유원칙은 귀납·연역의 추리推理과정에서 따라야 할 준칙準則이다. 이들 네 가지 사유의 원칙들은 그 나름대로 '올바른 사유'를 위한 최종적이고, 최고의 보증이자 요청이다.

그러나 니체는 '권력에의 의지'에서 '논리학은 참된 것을 인식하기 위한 명법命法이 아니고 우리들이 참되다고 생각하는 하나의 세계를 정립하고 준비하기 위한 것이다. 논리학은 권력에의 의지의 도구道具이다.'라 하고 있다. 즉 논리학은 진리眞理에 종속되어 있다는 것이다.

진리眞理에는 과학적 진리와 철학적 진리 둘로 구분할 수 있다.

과학에서는 1+1=2처럼 하나만 정답이다. 형식논리는 이 과학적 진리를 떠받히고 있다. 그러나 철학에서는 옳고 그름이 아니라 다만 심천深淺깊고 얕음이 있을 뿐 고정된 답答은 없다. *주 8

---

8 얕은 차원에서의 철학적 질문이나 주장된 진리는 보다 높은 차원에서는 전혀 문제가 되지 않고 따라서 그에 대한 답(答)으로서 주장된 진리는 무의미해 진다.

철학적 사유^{思惟}는 삶을 살아가며 그것(삶의 진실)에 대해 묻는 도상^{途上}에 선 사유이며, 질문 된 것과 교응^{交應}하는 사유이기에, 질문 된 것으로부터 되돌아오는 응답^{應答}에 영향을 받는 사유이다. 불교식으로 말하면 상분^{相分}과 견분^{見分}, 알라야식에서는 종자생현행, 현행훈종자의 관계이다.

근본적으로 철학적 사유에서 본 세상의 본질은 상관적^{相關的} 차이로서 나누어진 상태로 병존^{竝存}하며 존재하고 있다. 즉 모든 존재자는 연기^{緣起}, 차연^{差延}의 관계이다.

차연은 하나의 문^門이 두 세계를 나누기도 하고 합치기도 하는 이중성을 의미한다. 이러한 진리관, 사유에서는 형식논리가 적용될 수는 없다.

근원적으로 논리학의 기초인 개념^{槪念}은 단가적인 일의성^{一義性}을 지녀야하는데, 자연^{自然}의 사실성은 이중적 차연^{差緣}의 성격을 갖기에 반^反개념적이다. 따라서 형식논리학은 자연의 사실성인 진실^{眞實}에 접근하기에는 적당치 않다.

칸트는 모든 존재하는 것들의 범주^{範疇}를 양^量, 질^質, 관계^{關係} 그리고 양태^{樣態}의 네 종류로 분류하였다. 과학은 이 네 범주 중에 양과 질에만 관여^{關與}하기 때문에 형식논리가 적용가능하다. 그러나 철학은 이 네 범주 모두를 숙고^{熟考}해야 하기 때문에 현식논리는 적합하지 않다.

형식논리에 따른 논리적 언어, 합리적 언어는 그 본질상 대상을 개념화, 정의^{定義}할 것을 요구한다. 이때 정의는 대상을 파악하여 그 의미를 고정시킴을 의미한다. 그러나 자연의 진실은 근본적으로 끊임없이 변화變化하는 흐름이다.

형식논리의 논리법칙에 대해 클라우스 하인리히Klaus Heinrich는

> '이러한 정식(定式)(논리법칙)들은 무엇과 대립하고 있는가? 이것들은 무엇을 방어하고 있는가? 왜 그 반대는 허용될 수 없는가? … 왜 제삼자(第三者) 내지 제삼의 것이 배제(排除)되어야 하며 만일 그래야만 한다면, 이 배제된 제삼의 것이란 무엇인가?
>
> 왜 모순이 피(避)해져야 하며, 만일 피하지 못했다고 한다면 무엇이 일어났단 말인가? 왜 여기서 동일성이 고수(固守)되어야 하며 만일 동일성을 고수할 수 없었다면 어떻단 말인가? 왜 나는 여기서 근거가 한 특정한 형식으로 나타난다는 점에 의존하고 있으며, 만일 근거가 나타나지 않았다면 어떻단 말인가?'(논리학에로의 종교철학적 입문)

이는 논리법칙과 진실眞實 사이의 괴리乖離를 말한 것이다.

사구부정은 이러한 형식논리의 논리법칙의 제약制約으로부터 벗어나 있다. 즉 진실한 세계를 정립하고 준비하기 위한 것이다.

3절. 메타(Meta) 언어

러셀Russell의 계형이론階形理論이나 타르스키Tarski의 이종언어론二種言語論에서는 우리가 사용하는 언어言語에는 대상對象 언어object language와 메타언어Meta language가 있는데 메타언어는 상위上位언어라고도 한다. 여기서 Meta는 Metaphysics의 Meta와 상통하는 형이상적形而上的 의미를 담고 있다.

대상언어는 일차질서적 진술first order statement로서 사물이나 사건에 대해 말하는 것이고, 상위언어는 이차질서적 진술second order statement로서 대상이 아니라 그 진술 자체에 대한 진술 즉 '언어의 성질'에 대해 말하는 것이다.

다시 말해 대상을 직접 서술하는 제 1의 언어가 대상언어이며, 이 대상언어의 진위여부에 대해 다시 한 번 언급하는 언어가 메타언어(상위언어)가 된다.

대상언어와 메타언어의 구별은 상대적이다. 즉 한 문장文章에서의 쓰임用에 따른 것이지 영어와 중국어가 다르듯이 그렇게 구별되는 것은 아니다.

영어사전英語辭典은 메타언어를 대표하는 매체媒體이다. 사전에 표기된 언어는 대상언어이고 이를 설명한 언어는 메타언어이다. 'Apple=명사名辭, 사과를 의미한다.'에서 Apple은 대상언어이고 '명사, 사과를 의미한다.'는 메타언어이다.

대상언어(일반언어)는 개념 구축에 한 요소로서 작용하지만 메타언어는 독립적이어서 그 개념에 대한 진술陳述의

지평地平을 벗어나 독립적으로 존재한다. 그것이 'Meta'의 의미이다.

'사과는 빨갛다'라는 문장에서 대상언어와 메타언어를 나눠보면, '사과는 빨갛다.'는 대상언어이고 '빨갛다는 색깔을 의미한다.'는 메타언어이다. 그리고 문장 전체로 보았을 때 '빨갛다는 색깔을 의미한다.'는 상위의 독립적 명사구名詞句이다.

'빨갛다는 색깔을 의미한다.'는 '사과는 빨갛다.'의 '빨갛다.'를 다시 한 번 언급하고 있다. 즉 메타언어(상위언어)는 대상언어의 진위여부에 대해 다시 한 번 언급하는 언어이다.

이렇게 대상언어에서 언급한 것을 다시 한 번 지칭하는 문장을 자기지칭적self reference 문장이라고 하는데, 이는 종종 역설逆說(paradox)을 야기惹起시킨다. 낙서금지落書禁止는 그 자체가 낙서일 수 있다. 이러한 역설은 병에 따라 약이 달라지는 응병여약應病與藥의 성격을 갖는다.

우리가 쓰는 말은 대상언어와 메타언어가 뒤범벅이 되어 있으며 놀랍도록 다채롭고 복잡하며, 엉터리 말장난, 헛소리들이 수없이 깔려있다. 예를 들면 '그는 그 경치의 아름다움이란 차마 말로 표현할 수 없다고 말했다.'와 같은 것이다.

에피메니데스Epimenides의 거짓말의 역설逆說(Liar Paradox)은 자주 인용되고 있다.

'크레타 사람 에피메니데스는 말하였다. 크레타 사람들은 항상 거짓말만 한다.' 이는 참인가 거짓인가? 그의 말이 참말이라면 이 문장은 거짓이 될 것이고 거짓이라면 참이 될 것이다.

왜 이런 역설과 자가당착自家撞着이 생기는가? 이는 에피메니데스 자신이 크레타 사람이고 따라서 이는 자기지칭적 문장이기 때문이다. 즉 에피메니데스가 크레타 사람이 아니었으면 문제될 것이 없다. 이를 논리학에서는 내포內包의 오류誤謬라고 한다.

자기지칭적 문장은 토톨로지tautology(流語反復)이기에 항진恒眞 즉 항상 옳고 옳아야 하는 어느 면에서 보면 하나마나한 말이다.

이에 대해 러셀은 '자신이 구성요소이면서 구성요소 모두에 대한 언급은 무의미nonsense하다.'고 한다. 또한 '어떤 규칙에 따르면서 그 규칙 자체에 대해 말할 수는 없다.', '한 문장 안에는 같은 계층order의 언어만을 사용해야 한다고 한다.'고 주장하는 경우도 있다.

그러나 이런 주장은 진술문장의 유의미성有意味性(meaningfullness)과 진리가眞理價(trues value)를 유지하기 위한 방편이겠지만 이런 제한은 바람직하지 않다는 반론反論 역시 가능하다. 하크Susan Haack는 이러한 제한은 너무 작위적作爲的이거나 진정한 철학적 해결책이 아니라고 지적한다.

그가 말하는 작위적이란 형식논리로 볼 수 있다. 또한

앞 문장의 '진리가를 유지하기 위한 방편'이라는 점에 대해서는 니체는 논리학이 진리에 종속된다고 한 바 있다.

메타언어적 표현 즉 자기지칭적 문장에 따른 자가당착의 예는 중국의 명가학파名家學派 공손룡公孫龍이 말한 '백마白馬는 말馬이 아니다.'에서 볼 수 있다. 이는 분명히 역설적이다. 그런데 이 말은 틀리기만 한 것인가?

이 문장에서 백마는 대상언어이고 말馬은 메타언어이다. 그런데 대상언어인 '백마'는 특수한 독립적 개별적 존재로서의 말馬을 그리고 메타언어로서의 '말馬'은 말이라는 일반적 존재, 본성(형이상학적 존재)의 현시現示로서의 말馬을 의미한다. 즉 백마는 현상現象이고 말馬은 본성을 가리킨다.

만일 현상과 본성이 다르다고 하면 공손룡의 말은 맞는다. 그러나 본성을 떠난 현상이 없다는 관점에서 보면 이 말은 옳지 않다. 따라서 이 말은 맞기도 하고 틀리기도 하다. 즉 불일이불이不一而不二이다. 이것이 메타언어가 갖는 특성, 이점利點으로 '중론'의 많은 부분이 메타언어로 구성되어 있는 이유이다.

관거래품觀去來品 5게 '가고 있는 것'에 대한 해석은

'만일 지금 가고 있는 중인 것에 가는 것이 있다고 하면 두 종류의 가는 것이 있게 된다. 첫째는 가고 있는 중인 것이고 둘째는 (그)지금 가고 있는 중인 것에서의 가는 것이다(若去時有去 則有二種去 一謂爲去時 二謂去時去).

즉 첫째는 현상이고 둘째는 본성(낱말이 갖는 본래의 뜻)이다. *주9

이러한 예는 제 7삼상품관三相品觀 23게偈에도 적용된다.

> '머물러 있지 않은 법은 머물지 않는다(머뭄이 아니다). 머물러 있는 법 역시 머물지 않는다. 머무르고 있는 법 역시 머무르지 않는다. 생함이 없는데 어떻게 머물겠느냐?(不住法不住 住法亦不住 住時亦不住 無生云何住)

머물러 있지 않은 법不住法, 머무르고 있는 법住法은 대상언어이고 머물지 않는다不住는 메타언어이다. 자기지칭은 머무름住이고 '머물지 않는다.'는 상위의 독립적 명사구이다.

중론을 읽으면서 같은 말이 반복되면서 그 뜻이 서로 위배違背된다면 그것들 중의 하나는 메타언어가 아닌가를 의심해야 한다.

중론에서는 공空의 관점에서 현상세계를 부정否定한다. 그러나 그 부정은 긍정을 위한 부정이다. 공과 현상은 법성과 제법 즉 성상性相의 관계로 성(성-법성)은 형이상적 존재로 상相(諸法)과는 같은 계층에 있지 않다. 이를 메타언어 방식으로 표현하는 것은 합당하다.

메타언어의 문제는 그것이 자가당착自家撞着,역설逆說이라는데 있다. 그러나 명제命題가 진실眞實, 진리眞理에 대한 언급이라면 그것도 자가당착이라 옳지 않다고 할 수 있겠는가?

붓다는 '불유교경佛遺敎經'에서 '모든 것은 변한다. 다만 정진하라.'라고 한다. 그러나 불법^{Dharma}은 안 변한다. 왜냐하면 그것은 현상세계와는 구별되는 진리勝義이기 때문이다.

마음에서 마음으로 전해지는以心傳心 교외별전敎外別傳을 말과 글로 표현해야 하는 것, 이것이 중론中論의 어려움이다.

---

9 이것이 이제설(二諦說)의 근거이다.

참고 문헌

하이데거와 마음의 철학. 김형효
하이데거와 화엄사상. 김형효
불교의 중심철학. 무르띠. 김성철 옮김
신 유식학. 유식사상 연구회
까마라씰라의 수습차제연구. 중암
티베트 불교철학. 마쓰모토 시로. 이태승 외 옮김
깨달음에 이르는 길. 총카파. 청전 옮김
도차제론. 총카파 - 티베트어
아비달마구사론. 권오민 역주
중론. 용수. 김성철 옮김
대지도론. 용수. 김성구 옮김
니체와 니힐리즘. 마르틴 하이데거. 박찬국 옮김
헤겔에서 하이데거로. 아르투르 휩셔. 김용수 옮김
스피노자는 왜 라이프니츠를 몰래 만났나?. 매튜 스튜어트. 석기용 옮김
순수이성비판. 임마누엘 칸트
실천이성비판. 임마누엘 칸트
과학과 근대 세계. 앨프리드 노스 화이트헤드
하이데거와 선(禪). 한스 페더 헴펠
중국의 과학과 문명. 조셉 니담
사유하는 도덕경. 김형효
기술의 전향. 하이데거. 이기상 옮김